I0478206

Erste Ausgabe: 2024

10 9 8 7 6 5 4 3 2 1

## Vorwort

Willkommen bei „Dollar and Sense: Praktische Ratschläge für Geschäftsinhaber."

In der riesigen und sich ständig weiterentwickelnden Landschaft des Unternehmensmanagements kann es oft überwältigend sein, sich durch die Komplexitäten und Herausforderungen zu navigieren. Egal, ob Sie ein erfahrener Unternehmer sind oder gerade erst Ihre Laufbahn als Geschäftsinhaber beginnen, der Weg zum Erfolg ist mit zahlreichen Entscheidungen, Strategien und Erfahrungen gepflastert, die Sie auf dem Weg lernen.

Dieses Buch ist als umfassender Leitfaden konzipiert und bietet praktische Ratschläge, wertvolle Erkenntnisse und umsetzbare Strategien, die Ihnen dabei helfen, die Feinheiten der Führung eines erfolgreichen Unternehmens zu meistern. „Dollar and Sense" stützt sich auf meine eigenen Erfahrungen als Unternehmer sowie auf Erkenntnisse von Branchenführern und erfolgreichen Geschäftsinhabern und deckt ein breites Spektrum an Themen ab, die für den Geschäftserfolg von entscheidender Bedeutung sind.

Von der strategischen Planung und dem Finanzmanagement bis hin zu Marketingstrategien, Personalmanagement, Betriebsführung und vielem mehr ist jedes Kapitel vollgepackt mit wertvollen Informationen und praktischen Tipps, die Ihnen dabei helfen, Herausforderungen zu meistern, Chancen zu nutzen und Ihren gewünschten Geschäftsplan umzusetzen.

# INHALTSVERZEICHNIS

# DOLLAR UND SINN: PRAKTISCHE RATSCHLÄGE FÜR UNTERNEHMER

## AUTOR
### Dominik Schiffer

**Einführung**:

Willkommen bei „Dollars and Sense: Praktische Ratschläge für Geschäftsinhaber", einem umfassenden Handbuch, das Unternehmern und Geschäftsinhabern das Wissen und die Strategien vermittelt, die sie brauchen, um sich in der komplexen Welt der Finanzen und des Geschäftsmanagements zurechtzufinden. In der geschäftigen Stadt New York, wo zwischen hohen Wolkenkratzern und geschäftigen Straßen Träume geschmiedet werden, begeben sich täglich unzählige Menschen auf die Reise des Unternehmertums, angetrieben von dem Wunsch, etwas zu erschaffen, zu innovieren und erfolgreich zu sein.

Als Gründer einer erfolgreichen Unternehmensberatung hatte ich das Privileg, mit einer Vielzahl von Unternehmern zusammenzuarbeiten, von Technologie-Startups im Silicon Valley bis hin zu kleinen Familienunternehmen in ländlichen Städten. Durch diese Erfahrungen habe ich die

Herausforderungen und Erfolge, die das Streben nach Geschäftserfolg mit sich bringt, aus erster Hand miterlebt. Von der Verwaltung des Cashflows und dem Umgang mit komplexen Steuervorschriften bis hin zur Entwicklung effektiver Marketingstrategien und der Förderung einer Innovationskultur ist der Weg zum unternehmerischen Erfolg an jeder Ecke mit Hindernissen und Chancen gepflastert.

In diesem Buch werden wir uns mit einer Vielzahl von Themen befassen, die für die finanzielle Gesundheit und den Erfolg Ihres Unternehmens von wesentlicher Bedeutung sind. Wir werden die Bedeutung der Ausarbeitung eines soliden Geschäftsplans als Grundlage für den Erfolg untersuchen und uns mit den Feinheiten der Verwaltung des Cashflows befassen, um nachhaltiges Wachstum sicherzustellen. Wir werden die Kunst der Budgetierung und Finanzprognose besprechen und Sie in die Lage versetzen, fundierte Entscheidungen zu treffen, die Ihr Unternehmen voranbringen.

Aber unsere Reise endet hier nicht. Wir werden uns auch komplexen Themen wie Schuldenmanagement, Anlagestrategien und Risikominderung widmen und Ihnen die Werkzeuge und Erkenntnisse liefern, die Sie brauchen, um diese Herausforderungen souverän zu meistern. Vom Verständnis der Nuancen der Mitarbeitervergütung und rechtlicher Aspekte bis hin zur Nutzung der Leistungsfähigkeit von Technologie und Datenanalyse lassen wir nichts unversucht, um Sie mit dem Wissen und den Ressourcen auszustatten, die Sie brauchen, um in der heutigen wettbewerbsorientierten Geschäftswelt erfolgreich zu sein.

In diesem Buch finden Sie Fallstudien und Beispiele aus der Praxis, die die Erfolge und Rückschläge großer und kleiner Unternehmen veranschaulichen. Vom kometenhaften Aufstieg von Technologiegiganten wie Amazon und Google bis hin zu den bescheidenen Anfängen lokaler Tante-Emma-Läden dienen diese Geschichten sowohl als Inspiration als auch als warnendes Beispiel und bieten wertvolle Einblicke in die Strategien und Praktiken, die den Geschäftserfolg vorantreiben.

Egal, ob Sie ein erfahrener Unternehmer sind, der sein Unternehmen auf die nächste Stufe heben möchte, oder ein angehender Startup-Gründer, der zum ersten Mal die Herausforderungen des Unternehmertums meistert: „Dollars and Sense" ist Ihr unverzichtbarer Leitfaden zur Beherrschung der Kunst der Unternehmensfinanzierung. Begeben wir uns also gemeinsam auf diese Reise, bewaffnet mit Wissen, Entschlossenheit und dem unerschütterlichen Engagement, Ihre Geschäftsträume Wirklichkeit werden zu lassen.

# Kapitel 1: Die Grundlage schaffen: Einen soliden Geschäftsplan erstellen

In der geschäftigen Metropole New York City, zwischen den Wolkenkratzern und belebten Straßen Manhattans, schlägt das pulsierende Herz des Unternehmertums. Hier werden Träume geschmiedet, Ideen geboren und Unternehmen von Grund auf aufgebaut. Doch inmitten des Trubels der Stadt, die niemals schläft, bleibt eines konstant: die Notwendigkeit einer soliden Grundlage, auf der Sie Ihr Unternehmen aufbauen können.

In diesem Kapitel werden wir uns mit den wesentlichen Elementen der Erstellung eines umfassenden Geschäftsplans befassen, der als Fahrplan für Ihren unternehmerischen Weg dient. Von der Definition Ihres Geschäftsmodells und Zielmarkts bis hin zur Darstellung Ihrer Marketing- und Finanzstrategien ist ein gut ausgearbeiteter

Geschäftsplan der Grundstein für den Erfolg jedes Unternehmens, unabhängig von seiner Größe oder Branche.

## 1.1 Definition Ihres Geschäftsmodells: Die Blaupause für den Erfolg

Im Mittelpunkt jedes erfolgreichen Unternehmens steht ein klares und prägnantes Geschäftsmodell, das darlegt, wie das Unternehmen Wert schaffen, liefern und erfassen will. Egal, ob Sie ein Technologie-Startup im Silicon Valley gründen oder ein kleines Einzelhandelsgeschäft in der Vorstadt eröffnen, die Definition Ihres Geschäftsmodells ist der erste Schritt zum Aufbau eines erfolgreichen Unternehmens.

In diesem Abschnitt untersuchen wir die verschiedenen Arten von Geschäftsmodellen, von traditionellen Modellen wie Produktverkäufen und servicebasierten Unternehmen bis hin zu innovativen Ansätzen wie abonnementbasierten Preisen und plattformbasierten Modellen. Inspiriert von erfolgreichen Unternehmen wie Airbnb, Uber und Netflix untersuchen wir, wie diese Unternehmen traditionelle Branchen auf den Kopf gestellt und die Art und Weise, wie wir im digitalen Zeitalter Geschäfte machen, neu definiert haben.

## 1.2 Ihren Zielmarkt verstehen: Chancen und Herausforderungen erkennen

Egal wie revolutionär Ihr Produkt oder Ihre Dienstleistung auch sein mag, es ist wichtig, die Bedürfnisse, Vorlieben und Verhaltensweisen Ihres Zielmarktes zu verstehen. In diesem Abschnitt besprechen wir die Bedeutung von Marktforschung und Kundensegmentierung bei der Erkennung von Chancen und der Bewältigung von Herausforderungen in Ihrer Branche.

Von der Durchführung von Umfragen und Fokusgruppen bis hin zur Analyse von Markttrends und Wettbewerbsanalysen untersuchen wir die verschiedenen Methoden und Techniken, um wertvolle Erkenntnisse über Ihren Zielmarkt zu gewinnen. Anhand realer Beispiele von Unternehmen wie Apple, Coca-Cola und Tesla veranschaulichen wir, wie Marktforschung die Produktentwicklung, Marketingstrategien und Initiativen zur Kundenbindung unterstützen und so letztlich das Unternehmenswachstum und die Rentabilität steigern kann.

1.3 Skizzieren Sie Ihre Marketingstrategie: Erreichen Sie Ihr Publikum und steigern Sie den Umsatz

In der heutigen hypervernetzten Welt ist eine starke Marketingstrategie unerlässlich, um Kunden zu gewinnen, den Umsatz zu steigern und Markenbekanntheit aufzubauen. In diesem Abschnitt besprechen wir die wichtigsten Komponenten einer erfolgreichen Marketingstrategie, von der Definition Ihres Alleinstellungsmerkmals und Ihrer Positionierung bis hin zur Auswahl der richtigen

Kanäle und Taktiken, um Ihre Zielgruppe zu erreichen.

Anhand von Beispielen aus der B2B- und B2C-Branche untersuchen wir die verschiedenen Marketingkanäle, die Unternehmen heute zur Verfügung stehen, von digitalem Marketing und Social-Media-Werbung bis hin zu traditionellen Kanälen wie Print, Radio und Fernsehen. Wir besprechen auch, wie wichtig es ist, die Effektivität Ihrer Marketingbemühungen zu messen und zu analysieren. Dabei verwenden wir Tools wie Google Analytics, Facebook Insights und Customer-Relationship-Management-Software (CRM), um wichtige Kennzahlen zu verfolgen und Ihre Kampagnen für maximale Wirkung zu optimieren.

1.4 Finanzprognosen: Prognose von Einnahmen, Ausgaben und Cashflow

Kein Geschäftsplan ist vollständig ohne eine gründliche Finanzanalyse, die Ihre Umsatzprognosen, Ausgaben und Cashflow-

Prognosen darlegt. In diesem Abschnitt besprechen wir die Bedeutung von Finanzprognosen als Entscheidungshilfe und zur Sicherung der Finanzierung Ihres Unternehmens.

Anhand von Grundsätzen aus Buchhaltung und Finanzen untersuchen wir, wie Sie realistische Umsatzprognosen auf der Grundlage von Markttrends, Verkaufsprognosen und Preisstrategien erstellen können. Wir besprechen auch, wie wichtig es ist, Ihre Ausgaben genau zu schätzen, einschließlich Fixkosten wie Miete, Nebenkosten und Gehälter sowie variable Kosten wie Material-, Arbeits- und Marketingkosten.

Neben Einnahmen und Ausgaben werden wir uns auch mit der Bedeutung der Cashflow-Prognose für die finanzielle Gesundheit und Nachhaltigkeit Ihres Unternehmens befassen. Durch die genaue Prognose Ihrer Barmittelzuflüsse und -abflüsse können Sie potenzielle Liquiditätsengpässe oder -

überschüsse erkennen und proaktive Maßnahmen ergreifen, um Ihre Liquidität zu verwalten und finanzielle Risiken zu mindern.

## 1.5 Fazit: Alles zusammenfassen

Am Ende dieses Kapitels ist klar, dass die Ausarbeitung eines soliden Geschäftsplans der erste Schritt zum Aufbau eines erfolgreichen und nachhaltigen Unternehmens ist. Indem Sie Ihr Geschäftsmodell definieren, Ihren Zielmarkt verstehen, Ihre Marketingstrategie skizzieren und Ihre Finanzen prognostizieren, können Sie einen Erfolgsplan erstellen, der Sie auf Ihrem unternehmerischen Weg leitet und die Grundlage für zukünftiges Wachstum und Wohlstand schafft.

In den folgenden Kapiteln werden wir tiefer in die Feinheiten der Unternehmensfinanzierung eintauchen und Themen wie Cashflow-Management, Budgetierung, Preisstrategien und Investitionsentscheidungen untersuchen. Aber nehmen Sie sich jetzt die Zeit, über die in diesem Kapitel vorgestellten Erkenntnisse und Strategien nachzudenken und beginnen Sie, den Grundstein für Ihre eigene unternehmerische Erfolgsgeschichte zu legen.

# Kapitel 2: Cashflow-Management: Strategien für eine nachhaltige finanzielle Gesundheit

Im geschäftigen Finanzviertel der Wall Street, wo im Handumdrehen Vermögen gemacht und verloren werden, ist eines das Wichtigste: der Cashflow. Für Geschäftsinhaber ist die effektive Verwaltung des Cashflows von entscheidender Bedeutung, um die finanzielle Gesundheit und Nachhaltigkeit ihrer Unternehmungen sicherzustellen. In diesem Kapitel werden wir die Feinheiten des Cashflow-Managements untersuchen und Strategien zur Aufrechterhaltung eines gesunden Cashflows diskutieren, der Wachstum und Wohlstand fördert.

2.1 Den Cashflow verstehen: Das Lebensblut Ihres Unternehmens

Der Cashflow ist das Lebenselixier eines jeden Unternehmens und stellt den Zufluss und Abfluss von Barmitteln und Barmitteläquivalenten über einen bestimmten Zeitraum dar. In diesem Abschnitt gehen wir auf die Bedeutung des Cashflow-Managements für die Sicherstellung der Liquidität und Zahlungsfähigkeit Ihres Unternehmens ein.

Anhand von Grundsätzen der Buchhaltung und des Finanzwesens untersuchen wir den Unterschied zwischen Cashflow und Rentabilität und betonen, wie wichtig es ist, beide Kennzahlen zu überwachen, um die finanzielle Gesundheit Ihres Unternehmens zu beurteilen. Wir besprechen auch die verschiedenen Komponenten des Cashflows, darunter Betriebstätigkeiten, Investitionstätigkeiten und Finanzierungstätigkeiten, und wie sich jede davon auf die Gesamtliquidität Ihres Unternehmens auswirkt.

2.2 Cashflow-Prognose: Vorhersage von Spitzen und Tälern

Einer der Schlüssel zu einem effektiven Cashflow-Management ist eine genaue Prognose, bei der Sie Ihre zukünftigen Geldein- und -ausflüsse auf der Grundlage historischer Daten, Markttrends und anderer relevanter Faktoren vorhersagen. In diesem Abschnitt besprechen wir die Bedeutung der Cashflow-Prognose für die Identifizierung potenzieller Bargeldengpässe oder -überschüsse und die Ergreifung proaktiver Maßnahmen zur Minderung finanzieller Risiken.

Anhand von Beispielen von Unternehmen wie Starbucks, Amazon und Walmart untersuchen wir verschiedene Techniken und Tools zur Cashflow-Prognose, von einfachen Tabellenkalkulationsmodellen bis hin zu anspruchsvoller Cashflow-Management-Software. Wir besprechen auch die Rolle von Sensitivitätsanalysen und Szenarioplanungen bei der Beurteilung der Auswirkungen verschiedener Variablen und Annahmen auf Ihre Cashflow-Prognosen, damit Sie in einem

unsicheren Geschäftsumfeld fundierte
Entscheidungen treffen können.

## 2.3 Debitorenmanagement: Beschleunigung des Mittelzuflusses

Für viele Unternehmen ist die effektive
Verwaltung der Debitorenbuchhaltung für die
Aufrechterhaltung eines gesunden Cashflows
unerlässlich. In diesem Abschnitt besprechen wir
Strategien zur Beschleunigung des Cashflows
und zur Verkürzung der Zeit, die für das
Einziehen von Zahlungen bei Kunden benötigt
wird.

Basierend auf Best Practices von Unternehmen
wie Apple, Nike und Coca-Cola erkunden wir
Techniken zur Verbesserung Ihres
Rechnungsstellungsprozesses, zur Festlegung
klarer Zahlungsbedingungen und zur Förderung
frühzeitiger Zahlungen durch Rabatte und
Anreize. Wir besprechen auch, wie wichtig es
ist, Ihren Bericht über die Fälligkeit Ihrer
Forderungen zu überwachen und proaktive

Maßnahmen zur Nachverfolgung überfälliger Zahlungen zu ergreifen, um das Risiko von Forderungsausfällen und Cashflow-Störungen zu minimieren.

2.4 Optimierung der Kreditorenbuchhaltung: Maximierung der Mittelabflüsse

Neben der Verwaltung der Debitorenbuchhaltung ist die Optimierung der Kreditorenbuchhaltung ebenso wichtig für die Aufrechterhaltung eines gesunden Cashflows. In diesem Abschnitt besprechen wir Strategien zur Maximierung des Cashflows und zur Erhaltung des Betriebskapitals durch effizientes Kreditorenmanagement.

Anhand von Beispielen von Unternehmen wie Walmart, Amazon und General Electric untersuchen wir Techniken, mit denen Sie mit Lieferanten günstige Zahlungsbedingungen aushandeln, den Rechnungsgenehmigungsprozess optimieren und Skonti und Lieferantenfinanzierungsprogramme nutzen können. Wir besprechen auch die Bedeutung der Optimierung Ihrer Bestandsverwaltungspraktiken, um die Lagerkosten zu senken und das Risiko von Fehlbeständen und Veralterung zu minimieren, sodass Barmittel für andere strategische Initiativen frei werden.

## 2.5 Fazit: Cashflow-Management meistern

Am Ende dieses Kapitels ist klar, dass ein effektives Cashflow-Management für die finanzielle Gesundheit und Nachhaltigkeit Ihres Unternehmens unerlässlich ist. Wenn Sie die Prinzipien des Cashflows verstehen, zukünftige Cashflows genau prognostizieren und Strategien zur Beschleunigung der Cashflows und Optimierung der Cashflows implementieren, können Sie einen gesunden Cashflow aufrechterhalten, der Wachstum und Wohlstand fördert.

In den folgenden Kapiteln werden wir uns eingehender mit anderen Aspekten der

Unternehmensfinanzierung befassen, darunter Budgetierung, Finanzanalyse und Investitionsentscheidungen. Nehmen Sie sich vorerst jedoch die Zeit, über die in diesem Kapitel vorgestellten Erkenntnisse und Strategien nachzudenken und beginnen Sie, sie in Ihrem eigenen Unternehmen umzusetzen, um die Kunst des Cashflow-Managements zu meistern.

# Kapitel 3: Grundlagen der Budgetierung: Ressourcen sinnvoll zuweisen

In der hektischen Geschäftswelt, in der der Wettbewerb hart und die Ressourcen begrenzt sind, ist eine effektive Budgetierung für den Erfolg unerlässlich. In diesem Kapitel werden wir die Grundlagen der Budgetierung untersuchen und Strategien für eine sinnvolle Ressourcenverteilung zur Förderung von Wachstum und Rentabilität diskutieren.

## 3.1 Die Bedeutung der Budgetierung: Ein Fahrplan für den finanziellen Erfolg

Bei der Budgetierung wird ein detaillierter Plan erstellt, der die finanziellen Ziele und Vorgaben Ihres Unternehmens sowie die zur Erreichung dieser Ziele erforderlichen Ressourcen umreißt. In diesem Abschnitt erörtern wir die Bedeutung der Budgetierung als Fahrplan für den finanziellen Erfolg und als Orientierung für die Entscheidungsfindung in allen Bereichen Ihres Unternehmens.

Auf der Grundlage von Grundsätzen des Rechnungswesens und der Finanzplanung untersuchen wir die Vorteile der Budgetierung, darunter eine verbesserte Entscheidungsfindung, eine verbesserte Ressourcenzuweisung sowie mehr Rechenschaftspflicht und Kontrolle. Wir besprechen auch die verschiedenen Arten von Budgets, die in Unternehmen häufig verwendet werden, von statischen Budgets und flexiblen Budgets bis hin zu Zero-Base-Budgets und rollierenden Budgets, und wie jedes dieser Budgets an die individuellen Bedürfnisse und Herausforderungen Ihres Unternehmens angepasst werden kann.

3.2 Erstellen eines Gesamtbudgets: Integration von Finanz- und Betriebsplänen

Ein Gesamtbudget ist ein umfassender Finanzplan, der alle Betriebs- und Finanzbudgets

Ihres Unternehmens in einem einzigen Dokument zusammenfasst. In diesem Abschnitt besprechen wir den Prozess der Erstellung eines Gesamtbudgets und die wichtigsten Komponenten, die enthalten sein sollten, wie z. B. Umsatzprognosen, Produktionsbudgets, Betriebskosten und Investitionsausgaben.

Anhand von Beispielen von Unternehmen wie Procter & Gamble, Toyota und Microsoft untersuchen wir Techniken zur Entwicklung präziser Verkaufsprognosen auf der Grundlage von Markttrends, historischen Daten und Input von Verkaufsteams. Wir besprechen auch, wie Sie Produktionsbudgets erstellen, die Ihren Verkaufsprognosen entsprechen, und wie Sie Ihre Herstellungsprozesse optimieren, um Kosten zu minimieren und die Effizienz zu maximieren.

3.3 Überwachung und Abweichungsanalyse: Leistungsverfolgung im Vergleich zu Zielen

Sobald Ihr Hauptbudget steht, ist es wichtig, Ihre tatsächliche Leistung im Vergleich zu Ihren budgetierten Zielen zu überwachen und eventuell auftretende Abweichungen zu identifizieren. In diesem Abschnitt besprechen wir die Bedeutung der Überwachung und Varianzanalyse bei der Identifizierung von Verbesserungsmöglichkeiten und der Ergreifung von Korrekturmaßnahmen, um auf Kurs zu bleiben und Ihre finanziellen Ziele zu erreichen.

Basierend auf den Grundsätzen des betrieblichen Rechnungswesens und des Leistungsmanagements untersuchen wir Techniken zur Überwachung wichtiger Leistungsindikatoren (KPIs) und führen Varianzanalysen durch, um die Grundursachen von Budgetabweichungen zu ermitteln. Wir besprechen auch die Bedeutung der Kommunikation und Zusammenarbeit zwischen Abteilungen bei der Lösung von Budgetproblemen und der Umsetzung von Korrekturmaßnahmen, um Risiken zu mindern und Chancen zu nutzen.

## 3.4 Flexible Budgetierung: Anpassung an veränderte Geschäftsbedingungen

Im dynamischen Geschäftsumfeld von heute ist Flexibilität für den Erfolg unerlässlich. In diesem Abschnitt besprechen wir das Konzept der flexiblen Budgetierung und wie es Ihrem Unternehmen dabei helfen kann, sich an veränderte Marktbedingungen, Kundenpräferenzen und Wettbewerbsdruck anzupassen.

Anhand von Beispielen von Unternehmen wie Amazon, Netflix und Airbnb untersuchen wir Techniken zur Erstellung flexibler Budgets, die schnell und einfach an veränderte Umstände angepasst werden können. Wir besprechen auch die Bedeutung von Szenarioplanung und Sensitivitätsanalyse bei der Bewertung der möglichen Auswirkungen verschiedener Szenarien auf Ihr Budget und der Ermittlung von Strategien zur Minderung von Risiken und Nutzung von Chancen.

## 3.5 Fazit: Die Kunst der Budgetierung meistern

Am Ende dieses Kapitels ist klar, dass eine effektive Budgetierung für den Erfolg in der heutigen wettbewerbsorientierten Geschäftswelt unerlässlich ist. Indem Sie ein umfassendes Hauptbudget erstellen, die Leistung im Vergleich zu den Zielen überwachen und sich schnell an veränderte Geschäftsbedingungen anpassen, können Sie Ihre Ressourcen sinnvoll verteilen und das Wachstum und die Rentabilität Ihres Unternehmens steigern.

In den folgenden Kapiteln werden wir uns eingehender mit anderen Aspekten der Unternehmensfinanzierung befassen, darunter Finanzprognosen, Investitionsentscheidungen und Risikomanagement. Nehmen Sie sich vorerst jedoch die Zeit, über die in diesem Kapitel vorgestellten Erkenntnisse und Strategien nachzudenken und beginnen Sie mit deren Umsetzung in Ihrem eigenen Unternehmen, um die Kunst der Budgetierung zu meistern und Ihre finanziellen Ziele zu erreichen.

# Kapitel 4: Finanzprognosen: Planung für zukünftiges Wachstum und Stabilität

In der sich ständig weiterentwickelnden Geschäftswelt, in der ständiger Wandel und Unsicherheit eine Tatsache des Lebens sind, ist die Fähigkeit, zukünftige finanzielle Ergebnisse vorherzusagen, für den Erfolg von entscheidender Bedeutung. In diesem Kapitel erkunden wir die Kunst und Wissenschaft der Finanzprognose und diskutieren Strategien zur Planung zukünftigen Wachstums und zukünftiger Stabilität.

4.1 Die Bedeutung der Finanzprognose: Trends und Herausforderungen vorhersehen

Finanzprognosen sind der Prozess der Vorhersage zukünftiger finanzieller Ergebnisse auf der Grundlage historischer Daten, Markttrends und anderer relevanter Faktoren. In diesem Abschnitt erörtern wir die Bedeutung von Finanzprognosen, die Unternehmen dabei helfen, Trends und Herausforderungen vorherzusehen, Wachstumschancen zu erkennen und fundierte strategische Entscheidungen zu treffen.

Anhand von Beispielen von Unternehmen wie Google, Apple und Microsoft untersuchen wir, wie Finanzprognosen Unternehmen dabei helfen können, ihre Expansion zu planen, Ressourcen sinnvoll zu verteilen und Konjunkturabschwünge und andere externe Schocks zu meistern. Wir besprechen auch die verschiedenen Arten von Finanzprognosen, die in Unternehmen häufig verwendet werden, darunter Gewinn- und Verlustrechnungen, Bilanzen und Kapitalflussrechnungen, und wie jede dieser Prognosen wertvolle Einblicke in die finanzielle Gesundheit und Leistung Ihres Unternehmens liefern kann.

## 4.2 Techniken zur Finanzprognose: Von einfach bis anspruchsvoll

Es gibt viele Techniken und Methoden für Finanzprognosen, von der einfachen Extrapolation historischer Trends bis hin zu komplexen statistischen Modellen und Algorithmen für maschinelles Lernen. In diesem

Abschnitt werden wir einige der am häufigsten verwendeten Techniken für Finanzprognosen untersuchen und ihre Stärken, Grenzen und Anwendungen in verschiedenen Geschäftskontexten diskutieren.

Auf der Grundlage von Prinzipien der Statistik, Ökonometrie und Datenwissenschaft untersuchen wir Techniken wie Zeitreihenanalyse, Regressionsanalyse und exponentielle Glättung und wie diese zur Prognose von Umsätzen, Ausgaben und anderen wichtigen Finanzvariablen eingesetzt werden können. Wir besprechen auch, wie wichtig es ist, qualitative Faktoren wie Marktforschung, Branchentrends und Expertenmeinungen in Ihren Prognoseprozess einzubeziehen, um Genauigkeit und Zuverlässigkeit zu verbessern.

4.3 Szenarioplanung: Vorbereitung auf das Unerwartete

Im heutigen unsicheren Geschäftsumfeld wird die Szenarioplanung für Unternehmen, die

Risiken minimieren und Chancen nutzen möchten, immer wichtiger. In diesem Abschnitt besprechen wir das Konzept der Szenarioplanung und wie es Unternehmen helfen kann, sich auf das Unerwartete vorzubereiten und sich an veränderte Umstände anzupassen.

Anhand von Beispielen von Unternehmen wie Amazon, Walmart und BP untersuchen wir Techniken zum Erstellen und Analysieren verschiedener Szenarien, von Best-Case- bis Worst-Case-Szenarien, und identifizieren Strategien zur Risikominimierung und Nutzung von Chancen. Wir diskutieren auch die Bedeutung von Flexibilität und Agilität bei der Szenarioplanung und wie Unternehmen Szenarioanalysen nutzen können, um ihre Strategien einem Stresstest zu unterziehen und in einer unsicheren Welt fundierte Entscheidungen zu treffen.

4.4 Finanzmodellierung: Erstellen einer Blaupause für den Erfolg

Bei der Finanzmodellierung handelt es sich um den Prozess der Erstellung einer mathematischen Darstellung der finanziellen Leistung eines Unternehmens, normalerweise in Form eines Tabellenkalkulationsmodells oder eines Softwareprogramms. In diesem Abschnitt erörtern wir die Bedeutung der Finanzmodellierung, die Unternehmen dabei hilft, verschiedene Szenarien zu analysieren und zu bewerten, die Auswirkungen strategischer Entscheidungen einzuschätzen und ihre finanzielle Leistung zu optimieren.

Anhand von Beispielen von Unternehmen wie Tesla, Netflix und Facebook untersuchen wir Techniken zum Erstellen und Verwenden von Finanzmodellen zur Prognose von Einnahmen, Ausgaben und Cashflow sowie zur Bewertung der finanziellen Machbarkeit von Investitionsprojekten und strategischen Initiativen. Wir besprechen auch Best Practices für die Finanzmodellierung, einschließlich Datenintegrität, Transparenz und

Sensitivitätsanalyse, und wie Unternehmen Finanzmodelle verwenden können, um die Entscheidungsfindung zu verbessern und Wachstum und Rentabilität voranzutreiben.

4.5 Schlussfolgerung: Die Leistungsfähigkeit von Finanzprognosen nutzen

Am Ende dieses Kapitels wird deutlich, dass Finanzprognosen ein wichtiges Instrument für Unternehmen sind, die zukünftiges Wachstum und Stabilität planen möchten. Indem sie Trends und Herausforderungen vorhersehen und Techniken wie Szenarioplanung und Finanzmodellierung einsetzen, können Unternehmen fundierte strategische Entscheidungen treffen und sich im dynamischen Geschäftsumfeld von heute erfolgreich positionieren.

In den folgenden Kapiteln werden wir uns eingehender mit anderen Aspekten der Unternehmensfinanzierung befassen, darunter Risikomanagement, Investitionsentscheidungen und Finanzanalysen. Nehmen Sie sich zunächst die Zeit, über die in diesem Kapitel vorgestellten Erkenntnisse und Strategien nachzudenken und beginnen Sie mit deren Umsetzung in Ihrem eigenen Unternehmen, um die Leistungsfähigkeit der Finanzprognosen zu nutzen und Ihre langfristigen Finanzziele zu erreichen.

# Kapitel 5: Preisstrategien: Gewinnmargen maximieren

In der wettbewerbsintensiven Geschäftswelt ist die Preisgestaltung ein entscheidender Erfolgsfaktor. Eine gut durchdachte

Preisstrategie kann nicht nur die Gewinnmargen maximieren, sondern ein Unternehmen auch strategisch auf seinem Markt positionieren. In diesem Kapitel werden wir verschiedene Preisstrategien untersuchen und besprechen, wie Geschäftsinhaber ihre Preise effektiv festlegen können, um ihre finanziellen Ziele zu erreichen.

## 5.1 Preisstrategie verstehen: Wert und Rentabilität ins Gleichgewicht bringen

Bei der Preisstrategie geht es um mehr als nur die Festlegung eines Preises. Es geht darum, das optimale Gleichgewicht zwischen der Wertschöpfung Ihres Produkts oder Ihrer Dienstleistung und der Sicherstellung der Rentabilität Ihres Unternehmens zu finden. In diesem Abschnitt werden wir uns mit den Grundlagen der Preisstrategie befassen und besprechen, wie Unternehmen die Preisgestaltung als strategisches Instrument zur Erreichung ihrer finanziellen Ziele nutzen können.

Basierend auf Prinzipien der Mikroökonomie und des Marketings werden wir verschiedene Ansätze zur Preisgestaltung untersuchen, darunter kostenbasierte Preisgestaltung, wertbasierte Preisgestaltung und wettbewerbsbasierte Preisgestaltung. Wir werden auch die Bedeutung des Verständnisses der Wertwahrnehmung der Kunden erörtern und wie Unternehmen die Preisgestaltung nutzen können, um ihren Kunden ihr Wertversprechen effektiv zu vermitteln.

## 5.2 Kostenorientierte Preisgestaltung: Sicherstellung von Profitabilität und Nachhaltigkeit

Die kostenbasierte Preisgestaltung ist ein gängiger Ansatz zur Preisgestaltung, bei dem die Preise auf der Grundlage der Produktions-, Vertriebs- und Gemeinkosten festgelegt werden. In diesem Abschnitt besprechen wir die Vorteile und Einschränkungen der kostenbasierten Preisgestaltung und wie Unternehmen sie nutzen können, um langfristig Rentabilität und Nachhaltigkeit sicherzustellen.

Anhand von Beispielen von Unternehmen wie Walmart, Costco und McDonald's untersuchen wir Techniken zur Berechnung und Zuordnung von Kosten, einschließlich direkter Kosten, indirekter Kosten und Gemeinkosten. Wir besprechen auch Strategien zur effektiven Kostenverwaltung und Optimierung Ihrer Kostenstruktur, um die Rentabilität und den Wettbewerbsvorteil zu verbessern.

5.3 Wertorientierte Preisgestaltung: Erfassung des Kundenwerts

Bei der wertorientierten Preisgestaltung handelt es sich um eine Preisstrategie, bei der die Preise auf der Grundlage des wahrgenommenen Werts Ihres Produkts oder Ihrer Dienstleistung für den Kunden festgelegt werden. In diesem Abschnitt besprechen wir die Grundsätze der wertorientierten Preisgestaltung und wie Unternehmen sie nutzen können, um den maximalen Wert für ihre Angebote zu erzielen und gleichzeitig die Kundenzufriedenheit und - treue aufrechtzuerhalten.

Anhand von Beispielen von Unternehmen wie Apple, Tesla und Starbucks untersuchen wir Techniken zur Identifizierung und Quantifizierung von Kundenwerttreibern wie Qualität, Komfort und Markenreputation. Wir diskutieren auch Strategien zur effektiven Wertkommunikation gegenüber Kunden und zur Rechtfertigung von Premiumpreisen durch Differenzierung und Innovation.

5.4 Dynamische Preisgestaltung: Anpassung an Marktbedingungen

Dynamische Preisgestaltung ist eine Preisstrategie, bei der die Preise in Echtzeit an Veränderungen bei Nachfrage, Wettbewerb und anderen Marktbedingungen angepasst werden. In diesem Abschnitt besprechen wir die Vorteile und Herausforderungen der dynamischen Preisgestaltung und wie Unternehmen sie nutzen können, um Umsatz und Rentabilität im heutigen schnelllebigen Geschäftsumfeld zu maximieren.

Anhand von Beispielen aus Branchen wie E-Commerce, Reisen und Gastgewerbe untersuchen wir Techniken zur Implementierung dynamischer Preise, darunter Nachfrageprognosen, Preisoptimierungsalgorithmen und Echtzeitüberwachung von Markttrends. Wir diskutieren auch die Bedeutung von Transparenz und Fairness bei dynamischen Preisen und wie Unternehmen dynamische Preise nutzen können, um die Kundenzufriedenheit und -treue zu verbessern.

5.5 Schlussfolgerung: Entwicklung einer erfolgreichen Preisstrategie

Am Ende dieses Kapitels wird deutlich, dass die Preisgestaltung ein komplexer und vielschichtiger Aspekt des Geschäfts ist, der sorgfältiger Überlegung und strategischer

Planung bedarf. Durch das Verständnis der Prinzipien der Preisstrategie und die Umsetzung effektiver Preisstrategien können Unternehmen ihre Gewinnspannen maximieren, den Kundenwert steigern und ihre finanziellen Ziele erreichen.

In den folgenden Kapiteln werden wir uns eingehender mit anderen Aspekten der Unternehmensfinanzierung befassen, darunter Investitionsentscheidungen, Risikomanagement und Finanzanalyse. Nehmen Sie sich zunächst die Zeit, über die in diesem Kapitel vorgestellten Erkenntnisse und Strategien nachzudenken und beginnen Sie, sie in Ihrem eigenen Unternehmen umzusetzen, um eine erfolgreiche Preisstrategie zu entwickeln, die Wachstum und Rentabilität fördert.

# Kapitel 6: Steuergrundlagen: Die Komplexität der Unternehmenssteuern meistern

In der Geschäftswelt sind Steuern eine unvermeidliche Realität, mit der sich jeder Unternehmer auseinandersetzen muss. Das Verständnis der Feinheiten der Unternehmenssteuern ist unerlässlich, um die Einhaltung der Vorschriften aufrechtzuerhalten, die Steuerschuld zu minimieren und die Rentabilität zu maximieren. In diesem Kapitel untersuchen wir die Grundlagen der Unternehmenssteuern und diskutieren Strategien zur Bewältigung der Komplexität der Steuerlandschaft.

## 6.1 Die Bedeutung der Steuerkonformität: Erfüllung gesetzlicher Verpflichtungen

Die Einhaltung der Steuervorschriften ist ein kritischer Aspekt der Geschäftstätigkeit, da die Nichterfüllung Ihrer Steuerpflichten schwere Strafen und rechtliche Konsequenzen nach sich ziehen kann. In diesem Abschnitt besprechen wir die Bedeutung der Steuervorschriften und die verschiedenen Steuern, die Unternehmen zahlen müssen, darunter Einkommensteuer, Umsatzsteuer, Lohnsteuer und Grundsteuer.

Anhand von Beispielen aus Unternehmen aus aller Welt untersuchen wir die verschiedenen Steuersysteme und -vorschriften, mit denen sich Unternehmen auseinandersetzen müssen, von den Körperschaftssteuersätzen in den USA bis hin zu den Mehrwertsteuersystemen in Europa und Asien. Wir besprechen auch die Rolle von Steuerplanungs- und Compliance-Strategien bei der Minimierung der Steuerschuld und der Gewährleistung, dass Unternehmen bei den Steuerbehörden einen guten Ruf bewahren.

6.2 Unternehmensstrukturen verstehen: Die richtige Steuerform wählen

Die Wahl der Unternehmensstruktur kann erhebliche Auswirkungen auf die Steuerpflicht haben, da für verschiedene Unternehmen unterschiedliche Steuersätze und Behandlungen gelten. In diesem Abschnitt besprechen wir die verschiedenen Arten von Unternehmensstrukturen, darunter Einzelunternehmen, Partnerschaften, Kapitalgesellschaften und Gesellschaften mit beschränkter Haftung (LLCs), und wie jede dieser Strukturen gesetzlich besteuert wird.

Anhand von Beispielen von Unternehmern wie Mark Zuckerberg von Facebook, Jeff Bezos von Amazon und Elon Musk von Tesla untersuchen wir die steuerlichen Vor- und Nachteile verschiedener Unternehmensstrukturen und wie Unternehmer die richtige Rechtsform wählen können, um ihre Steuerschulden zu minimieren und ihre finanziellen Ziele zu erreichen. Wir besprechen auch den Prozess der Rechtsformauswahl und die Faktoren, die Unternehmer bei dieser wichtigen Entscheidung berücksichtigen sollten.

6.3 Steuerplanungsstrategien: Minimierung der Steuerschuld

Steuerplanung ist der Prozess, Ihre finanziellen Angelegenheiten so zu organisieren, dass die Steuerschuld minimiert und Steuervorteile maximiert werden. In diesem Abschnitt besprechen wir verschiedene Steuerplanungsstrategien, mit denen Unternehmen ihre Steuerlast reduzieren und ihre finanzielle Lage optimieren können.

Anhand von Beispielen von Steuerexperten und Finanzberatern untersuchen wir Techniken wie

Einkommensverschiebung, Ausgabenstundung, Steuergutschriften und -abzüge und wie Unternehmen diese Strategien nutzen können, um ihr steuerpflichtiges Einkommen zu senken und Steuern zu sparen. Wir besprechen auch die Bedeutung von Timing und Dokumentation bei der Steuerplanung und wie Unternehmen über Änderungen der Steuergesetze und -vorschriften auf dem Laufenden bleiben können, um die Einhaltung sicherzustellen und Einsparungen zu maximieren.

6.4 Steuerberichterstattung und Compliance: Einhaltung der Einreichungsfristen

Steuerberichterstattung und -einhaltung sind wesentliche Aspekte des Geschäftsbetriebs, da Unternehmen regelmäßig verschiedene Steuererklärungen und Berichte an die Steuerbehörden einreichen müssen. In diesem Abschnitt besprechen wir den Prozess der Steuerberichterstattung und -einhaltung, einschließlich der Formulare und Dokumente, die Unternehmen einreichen müssen, und der Fristen für deren Einreichung.

Anhand von Beispielen von Steuerfachleuten und Buchhaltern untersuchen wir bewährte Verfahren für die Führung, Dokumentation und Berichterstattung von Steuerunterlagen und wie Unternehmen ihre Steuerkonformitätsprozesse optimieren können, um Strafen und Bußgelder zu vermeiden. Wir besprechen auch die Rolle von Steuersoftware und -technologie bei der Vereinfachung der Steuerberichterstattung und -konformität und wie Unternehmen diese Tools nutzen können, um organisiert und effizient zu bleiben.

6.5 Fazit: Navigation durch die Steuerlandschaft

Am Ende dieses Kapitels wird deutlich, dass die Bewältigung der Komplexität der Unternehmenssteuern sorgfältige Planung, Einhaltung der Vorschriften und strategische Entscheidungsfindung erfordert. Durch das Verständnis der Grundlagen der

Steuerkonformität, die Wahl der richtigen Unternehmensstruktur, die Umsetzung von Steuerplanungsstrategien und die sorgfältige Steuerberichterstattung und -einhaltung können Unternehmen ihre Steuerschulden minimieren und ihre Rentabilität maximieren.

In den folgenden Kapiteln werden wir uns eingehender mit anderen Aspekten der Unternehmensfinanzierung befassen, darunter Investitionsentscheidungen, Risikomanagement und Finanzanalyse. Nehmen Sie sich vorerst jedoch die Zeit, über die in diesem Kapitel vorgestellten Erkenntnisse und Strategien nachzudenken und beginnen Sie mit deren Umsetzung in Ihrem eigenen Unternehmen, um sich in der Steuerlandschaft zurechtzufinden und Ihre finanziellen Ziele zu erreichen.

# Kapitel 7: Schuldenmanagement: Verantwortungsvoller Umgang mit Schulden

In der Geschäftswelt können Schulden ein zweischneidiges Schwert sein. Bei klugem Umgang können sie Wachstum und Expansion fördern, bei falscher Handhabung können sie jedoch zu finanziellen Schwierigkeiten und Insolvenz führen. In diesem Kapitel werden wir die Grundlagen des Schuldenmanagements untersuchen und Strategien für einen verantwortungsvollen Umgang mit Schulden zur Erreichung Ihrer Geschäftsziele diskutieren.

## 7.1 Unternehmensschulden verstehen: Arten und Quellen

Unternehmensschulden gibt es in vielen Formen, von Bankkrediten und Kreditlinien bis hin zu Anleihen und Commercial Papers. In diesem Abschnitt besprechen wir die verschiedenen Arten und Quellen von Unternehmensschulden und wie diese zur Finanzierung verschiedener Aspekte Ihres Geschäftsbetriebs verwendet werden können.

Anhand von Beispielen von Unternehmen wie Apple, Google und General Electric untersuchen wir die Vor- und Nachteile verschiedener Arten der Fremdfinanzierung, darunter kurzfristige Schulden, langfristige Schulden und Wandelanleihen. Wir besprechen auch die Rolle von Schuldvereinbarungen und Sicherheiten bei der Sicherung der Fremdfinanzierung und die Bedeutung, die Bedingungen Ihrer Schuldenvereinbarungen zu verstehen, bevor Sie unterschreiben.

## 7.2 Fremd- vs. Eigenkapitalfinanzierung: Die Wahl des richtigen Mix

Fremdkapital und Eigenkapital sind zwei Hauptfinanzierungsquellen für Unternehmen, die jeweils ihre eigenen Vor- und Nachteile haben. In diesem Abschnitt besprechen wir die Unterschiede zwischen Fremd- und Eigenkapitalfinanzierung und wie Unternehmen den richtigen Finanzierungsmix wählen können, um ihren Kapitalbedarf und ihre Risikotoleranz zu decken.

Anhand von Beispielen von Unternehmern wie Warren Buffett, Mark Cuban und Richard Branson untersuchen wir die Vor- und Nachteile der Fremdfinanzierung, darunter Steuervorteile, feste Zinssätze und das Potenzial für Fremdkapital. Wir diskutieren auch die Vor- und Nachteile der Eigenkapitalfinanzierung, darunter die Verwässerung des Eigentums, den Kontrollverlust und das Potenzial für Konflikte mit Investoren.

## 7.3 Strategien zur Schuldenbereinigung: Kosten und Risiken minimieren

Effektives Schuldenmanagement umfasst mehr als nur das Ausleihen von Geld; es geht darum, Kosten und Risiken zu minimieren und gleichzeitig die Vorteile der Fremdfinanzierung zu maximieren. In diesem Abschnitt besprechen wir Strategien für ein effektives Schuldenmanagement, darunter Schuldenkonsolidierung, Refinanzierung und Umstrukturierung.

Anhand von Beispielen von Unternehmen wie Ford, General Motors und IBM untersuchen wir Techniken zur Reduzierung der Zinsaufwendungen, zur Verlängerung der Laufzeiten von Schulden und zur Aushandlung günstiger Konditionen mit Gläubigern. Wir besprechen auch die Bedeutung einer gesunden Schuldenquote und die Vermeidung übermäßiger Verschuldung, die die finanziellen Ressourcen Ihres Unternehmens belasten und seine langfristige Rentabilität gefährden kann.

## 7.4 Schuldentilgung: Verpflichtungen erfüllen und Cashflow sichern

Die Schuldentilgung ist ein kritischer Aspekt des Schuldenmanagements, da die Nichterfüllung Ihrer Zahlungsverpflichtungen zu Zahlungsausfall, Insolvenz und anderen schwerwiegenden Folgen führen kann. In diesem Abschnitt besprechen wir Strategien für eine effektive Verwaltung der Schuldentilgung und die Aufrechterhaltung des Cashflows bei gleichzeitiger Erfüllung Ihrer finanziellen Verpflichtungen.

Anhand von Beispielen von Unternehmen wie Microsoft, Amazon und Walmart untersuchen wir Techniken zur Priorisierung von Schuldenzahlungen, zur Verhandlung mit Gläubigern und zur Umstrukturierung von Schuldenvereinbarungen zur Verbesserung der Rückzahlungsbedingungen. Wir besprechen auch die Bedeutung von Cashflow-Prognosen und Liquiditätsmanagement, um sicherzustellen, dass Ihr Unternehmen über die Ressourcen verfügt, die es benötigt, um seinen Schuldenverpflichtungen nachzukommen und die finanzielle Stabilität aufrechtzuerhalten.

7.5 Schlussfolgerung: Die Macht der Schulden nutzen

Zum Abschluss dieses Kapitels ist klar, dass Schulden ein wirksames Instrument zur Finanzierung von Wachstum und Expansion sein können, aber sie müssen verantwortungsvoll verwaltet werden, um finanzielle Fallstricke zu vermeiden. Wenn Unternehmen die Grundlagen des Schuldenmanagements verstehen, den richtigen Finanzierungsmix wählen und Strategien zur Minimierung von Kosten und Risiken umsetzen, können sie Schulden effektiv nutzen, um ihre Geschäftsziele zu erreichen und langfristigen Erfolg zu erzielen.

In den folgenden Kapiteln werden wir uns eingehender mit anderen Aspekten der Unternehmensfinanzierung befassen, darunter

Investitionsentscheidungen, Risikomanagement und Finanzanalyse. Nehmen Sie sich vorerst jedoch die Zeit, über die in diesem Kapitel vorgestellten Erkenntnisse und Strategien nachzudenken und beginnen Sie, sie in Ihrem eigenen Unternehmen umzusetzen, um die Macht der Schulden zu nutzen und Ihre finanziellen Ziele zu erreichen.

# Kapitel 8: Investitionsentscheidungen: Renditemaximierung und Risikomanagement

Investitionsentscheidungen sind für Unternehmen von entscheidender Bedeutung, da sie die Ressourcenverteilung bestimmen und den langfristigen Erfolg des Unternehmens erheblich beeinflussen können. In diesem Kapitel untersuchen wir die Grundsätze der Investitionsentscheidung und diskutieren Strategien zur Maximierung der Rendite bei gleichzeitiger Risikobeherrschung.

## 8.1 Investitionsentscheidungen verstehen: Chancen bewerten

Bei Investitionsentscheidungen geht es darum, verschiedene Möglichkeiten zu bewerten, Ressourcen so zu verteilen, dass sie für das Unternehmen Gewinne generieren. In diesem Abschnitt besprechen wir die Grundlagen der

Investitionsentscheidung und die Kriterien, die zur Bewertung von Investitionsmöglichkeiten verwendet werden.

Anhand von Beispielen von Investoren wie Warren Buffett, Peter Lynch und Ray Dalio untersuchen wir Konzepte wie Risiko und Rendite, Zeitwert des Geldes und Opportunitätskosten und wie diese Investitionsentscheidungen beeinflussen. Wir erörtern auch, wie wichtig es ist, Investitionsentscheidungen an den strategischen und finanziellen Zielen des Unternehmens auszurichten, um sicherzustellen, dass die Ressourcen effektiv und effizient zugeteilt werden.

8.2 Investitionsbudgetierung: Bewertung langfristiger Investitionen

Bei der Kapitalbudgetierung werden langfristige Investitionsmöglichkeiten wie neue Projekte, Akquisitionen und Kapitalausgaben bewertet, um ihre Machbarkeit und potenziellen Erträge zu ermitteln. In diesem Abschnitt besprechen wir die Techniken und Methoden der Kapitalbudgetierung und wie Unternehmen sie nutzen können, um fundierte Investitionsentscheidungen zu treffen.

Anhand von Beispielen von Unternehmen wie Google, Amazon und ExxonMobil untersuchen wir Techniken wie den Nettogegenwartswert (NPV), den internen Zinsfuß (IRR) und die Amortisationszeitanalyse und wie diese zur Beurteilung der Rentabilität und des Risikos von Investitionsprojekten eingesetzt werden können. Wir erörtern auch die Bedeutung der Einbeziehung qualitativer Faktoren wie strategischer Eignung und Marktbedingungen in den Kapitalbudgetierungsprozess, um sicherzustellen, dass Investitionsentscheidungen mit den Gesamtzielen des Unternehmens übereinstimmen.

8.3 Risikomanagement: Minderung von Anlagerisiken

Jede Investition birgt Risiken, von Marktvolatilität und wirtschaftlicher Unsicherheit bis hin zu betrieblichen Herausforderungen und regulatorischen Änderungen. In diesem Abschnitt besprechen wir die Grundsätze des Risikomanagements und wie Unternehmen Risikomanagementtechniken nutzen können, um Investitionsrisiken zu mindern und ihre finanziellen Interessen zu schützen.

Anhand von Beispielen von Risikomanagementexperten und Branchenführern untersuchen wir Techniken wie Diversifizierung, Absicherung und Versicherung und wie sie eingesetzt werden können, um die Auswirkungen von unerwünschten Ereignissen und unerwarteten Verlusten zu reduzieren. Wir besprechen auch die Bedeutung von Szenarioplanung und Stresstests bei der Bewertung der potenziellen Auswirkungen verschiedener Risikoszenarien auf Anlageportfolios und der Entwicklung von Notfallplänen zu deren Bewältigung.

## 8.4 Portfoliomanagement: Optimierung von Anlageportfolios

Beim Portfoliomanagement geht es darum, eine Sammlung von Investitionen bzw. ein Portfolio so zu verwalten, dass die Erträge maximiert und die Risiken minimiert werden. In diesem Abschnitt besprechen wir die Grundsätze des Portfoliomanagements und wie Unternehmen Portfoliomanagementtechniken nutzen können, um ihre Anlageportfolios zu optimieren und ihre finanziellen Ziele zu erreichen.

Anhand von Beispielen von Portfoliomanagern und Anlageanalysten untersuchen wir Techniken wie Vermögensallokation, Diversifizierung und Neugewichtung und wie diese eingesetzt werden können, um Anlageportfolios aufzubauen und zu verwalten, die mit der Risikobereitschaft und den Renditeerwartungen des Unternehmens übereinstimmen. Wir besprechen auch, wie wichtig es ist, die Portfolioleistung regelmäßig zu überwachen und zu bewerten und bei Bedarf

Anpassungen vorzunehmen, um sicherzustellen, dass die Anlageziele erreicht werden.

## 8.5 Fazit: Informierte Anlageentscheidungen treffen

Am Ende dieses Kapitels wird deutlich, dass Investitionsentscheidungen für Unternehmen, die ihre finanziellen Ziele erreichen und langfristigen Erfolg erzielen möchten, von entscheidender Bedeutung sind. Wenn Unternehmen die Grundsätze der Investitionsentscheidung verstehen, Chancen effektiv bewerten, Risiken umsichtig managen und Anlageportfolios optimieren, können sie fundierte Investitionsentscheidungen treffen, die Wert schaffen und Renditen für die Aktionäre erzielen.

In den folgenden Kapiteln werden wir uns eingehender mit anderen Aspekten der Unternehmensfinanzierung befassen, darunter Risikomanagement, Finanzanalyse und strategische Planung. Nehmen Sie sich zunächst die Zeit, über die in diesem Kapitel vorgestellten Erkenntnisse und Strategien nachzudenken und beginnen Sie, sie in Ihrem eigenen Unternehmen umzusetzen, um die Erträge zu maximieren und die Risiken bei Ihren Investitionsentscheidungen effektiv zu steuern.

# Kapitel 9: Risikomanagement: So schützen Sie Ihr Unternehmen vor Unsicherheit

In der dynamischen Geschäftswelt sind Unsicherheit und Risiko allgegenwärtige Realitäten, die erhebliche Auswirkungen auf den Erfolg eines Unternehmens haben können. Ein effektives Risikomanagement ist unerlässlich, um sich vor potenziellen Bedrohungen zu schützen und Chancen zu nutzen. In diesem Kapitel werden wir die Grundsätze des Risikomanagements untersuchen und Strategien zur Identifizierung, Bewertung und Minderung von Risiken in Ihrem Geschäftsbetrieb diskutieren.

## 9.1 Risiken verstehen: Arten und Quellen

Risiken gibt es in vielen Formen, von finanziellen Risiken wie Marktvolatilität und Kreditausfällen bis hin zu operativen Risiken wie Lieferkettenunterbrechungen und Bedrohungen der Cybersicherheit. In diesem Abschnitt besprechen wir die verschiedenen Arten und Quellen von Risiken, denen Unternehmen ausgesetzt sind, und wie sie sich auf die Leistung und Rentabilität des Unternehmens auswirken können.

Anhand von Beispielen aus Unternehmen aus aller Welt untersuchen wir Konzepte wie systematisches und unsystematisches Risiko und wie sie das Gesamtrisikoprofil eines Unternehmens beeinflussen. Wir besprechen auch die Bedeutung der Risikoidentifizierung und -bewertung, um die möglichen Auswirkungen verschiedener Risiken auf Ihren Geschäftsbetrieb und Ihre finanzielle Leistung zu verstehen.

9.2 Risikobewertung: Bewertung der Wahrscheinlichkeit und der Auswirkungen

Bei der Risikobewertung werden die Wahrscheinlichkeit und die Folgen verschiedener Risiken bewertet, um ihre Bedeutung zu bestimmen und sie für die Minderung zu priorisieren. In diesem Abschnitt besprechen wir Techniken und Methoden zur Risikobewertung und wie Unternehmen sie nutzen können, um Risiken effektiv zu identifizieren und zu priorisieren.

Anhand von Beispielen von Risikomanagement-Experten und Branchenexperten untersuchen wir Techniken wie Risikomatrixanalyse, Szenarioplanung und Monte-Carlo-Simulation und wie diese verwendet werden können, um die Wahrscheinlichkeit und Auswirkung verschiedener Risiken auf Ihren Geschäftsbetrieb zu quantifizieren. Wir besprechen auch, wie wichtig es ist, bei der Risikobewertung sowohl qualitative als auch quantitative Faktoren zu berücksichtigen und wie Unternehmen die Risikobewertung zur Entscheidungsfindung und Ressourcenzuweisung nutzen können.

9.3 Risikominderungsstrategien: Minimierung der Auswirkungen

Sobald die Risiken identifiziert und bewertet wurden, besteht der nächste Schritt darin, Strategien zu entwickeln und umzusetzen, um sie zu mindern und ihre potenziellen Auswirkungen auf Ihr Unternehmen zu reduzieren. In diesem Abschnitt besprechen wir verschiedene Strategien zur Risikominderung und wie Unternehmen diese zum Schutz vor potenziellen Bedrohungen und Schwachstellen nutzen können.

Anhand von Beispielen von Unternehmen wie Toyota, JPMorgan Chase und Target untersuchen wir Techniken wie Risikovermeidung, Risikoübertragung, Risikominderung und Risikoakzeptanz und wie diese auf unterschiedliche Arten von Risiken in verschiedenen Geschäftsfunktionen angewendet werden können. Wir besprechen auch die Bedeutung der Entwicklung von Notfallplänen und Krisenmanagementprotokollen, um effektiv auf unerwartete Ereignisse reagieren und deren Auswirkungen auf Ihren Geschäftsbetrieb minimieren zu können.

## 9.4 Versicherung und Risikotransfer: Schutz Ihres Vermögens

Versicherungen sind ein wertvolles Instrument
für Unternehmen, die Risiken auf
Drittversicherer übertragen und ihr Vermögen
vor potenziellen Verlusten schützen möchten. In
diesem Abschnitt besprechen wir die Grundsätze
von Versicherung und Risikoübertragung und
wie Unternehmen Versicherungsprodukte nutzen
können, um Risiken zu mindern und ihre
finanziellen Interessen zu schützen.

Anhand von Beispielen von
Versicherungsanbietern und
Risikomanagementberatern untersuchen wir
verschiedene Arten von Versicherungsschutz,
darunter Sachversicherungen,
Haftpflichtversicherungen und
Betriebsunterbrechungsversicherungen, und wie
diese Unternehmen bei der Bewältigung
verschiedener Risiken helfen können. Wir
besprechen auch, wie wichtig es ist, Ihren
Versicherungsschutz regelmäßig zu überprüfen
und zu aktualisieren, um sicherzustellen, dass er
weiterhin mit dem sich entwickelnden

Risikoprofil und den finanziellen Zielen Ihres Unternehmens übereinstimmt.

## 9.5 Schlussfolgerung: Risikomanagement einbeziehen

Am Ende dieses Kapitels ist klar, dass ein effektives Risikomanagement unerlässlich ist, um Ihr Unternehmen vor Unsicherheiten zu schützen und seinen langfristigen Erfolg zu maximieren. Wenn Unternehmen die Prinzipien des Risikomanagements verstehen, Risiken effektiv identifizieren und bewerten und Strategien zu ihrer Minderung implementieren, können sie ihr Vermögen schützen, Chancen nutzen und ihre finanziellen Ziele erreichen.

In den folgenden Kapiteln werden wir uns eingehender mit anderen Aspekten der Unternehmensfinanzierung befassen, darunter Finanzanalyse, strategische Planung und Leistungsmanagement. Nehmen Sie sich vorerst jedoch die Zeit, über die in diesem Kapitel vorgestellten Erkenntnisse und Strategien nachzudenken und beginnen Sie mit deren Umsetzung in Ihrem eigenen Unternehmen, um das Risikomanagement zu fördern und Ihr Unternehmen vor Unsicherheiten zu schützen.

# Kapitel 10: Finanzanalyse: Erkenntnisse für fundierte Entscheidungen gewinnen

Die Finanzanalyse ist ein Eckpfeiler der Unternehmensführung und liefert wertvolle Einblicke in die Leistung, Rentabilität und finanzielle Gesundheit eines Unternehmens. In diesem Kapitel werden wir uns eingehend mit den Grundsätzen der Finanzanalyse befassen und Techniken zur Interpretation von Finanzberichten, Kennzahlen und Kennzahlen diskutieren, um strategische Entscheidungen zu treffen.

## 10.1 Jahresabschlüsse verstehen: Die Sprache der Wirtschaft

Jahresabschlüsse, darunter Bilanz, Gewinn- und Verlustrechnung und Kapitalflussrechnung, geben einen Überblick über die finanzielle Lage, Leistung und Cashflows eines Unternehmens. In diesem Abschnitt besprechen wir die Bestandteile von Jahresabschlüssen und wie Unternehmen diese zur Beurteilung ihrer finanziellen Gesundheit und Leistung nutzen können.

Anhand von Beispielen von Unternehmen wie Coca-Cola, Walmart und Microsoft untersuchen wir, wie man Jahresabschlüsse analysiert, um Rentabilität, Liquidität, Zahlungsfähigkeit und Effizienz zu bewerten. Wir besprechen auch gängige Techniken zur Jahresabschlussanalyse, wie Trendanalyse, horizontale und vertikale Analyse und Verhältnisanalyse, und wie diese verwendet werden können, um Trends, Stärken und Schwächen in der finanziellen Leistung eines Unternehmens zu identifizieren.

10.2 Kennzahlenanalyse: Bewertung von Leistung und Effizienz

Die Kennzahlenanalyse ist ein leistungsstarkes Tool zur Bewertung der finanziellen Leistungsfähigkeit und Effizienz eines Unternehmens durch den Vergleich verschiedener Finanzkennzahlen und -verhältnisse. In diesem Abschnitt besprechen wir wichtige Finanzkennzahlen und wie Unternehmen diese zur Bewertung von Rentabilität, Liquidität, Zahlungsfähigkeit und Betriebseffizienz nutzen können.

Anhand von Beispielen von Finanzanalysten und Anlageexperten untersuchen wir gängige Finanzkennzahlen wie Rentabilitätskennzahlen (z. B. Eigenkapitalrendite, Bruttomarge),

Liquiditätskennzahlen (z. B. Liquiditätsgrad, Liquiditätskennzahl), Solvabilitätskennzahlen (z. B. Fremdkapitalquote, Zinsdeckungsgrad) und Effizienzkennzahlen (z. B. Lagerumschlag, Forderungsumschlag). Wir besprechen auch, wie diese Kennzahlen im Kontext von Branchenbenchmarks, historischen Trends und Vergleichen mit Mitbewerbern zu interpretieren sind, um Einblicke in die finanzielle Leistung und Wettbewerbsfähigkeit eines Unternehmens zu erhalten.

## 10.3 Cashflow-Analyse: Beurteilung der Liquidität und Nachhaltigkeit

Die Cashflow-Analyse ist wichtig, um die Fähigkeit eines Unternehmens zu beurteilen, aus seinen operativen Aktivitäten Geld zu generieren, in Wachstumsmöglichkeiten zu investieren und seinen finanziellen Verpflichtungen nachzukommen. In diesem Abschnitt besprechen wir die Komponenten der Cashflow-Rechnung und wie Unternehmen Cashflow-Analysen zur Bewertung von

Liquidität, Nachhaltigkeit und finanzieller
Flexibilität nutzen können.

Anhand von Beispielen aus Cashflow-
Statements von Unternehmen wie Amazon,
Apple und Berkshire Hathaway untersuchen wir
Techniken zur Analyse des operativen
Cashflows, des Investitions-Cashflows und des
Finanzierungs-Cashflows und wie sich
Änderungen dieser Komponenten auf die
Gesamtliquidität eines Unternehmens auswirken
können. Wir besprechen auch die Bedeutung des
freien Cashflows, der Cashflow-Kennzahlen und
der Cashflow-Prognose bei der Beurteilung der
Fähigkeit eines Unternehmens, Cashflow zu
generieren und seinen Betrieb langfristig
aufrechtzuerhalten.

10.4 Finanzprognosen: Planung für die Zukunft

Finanzprognosen sind der Prozess der
Vorhersage zukünftiger finanzieller Ergebnisse
auf der Grundlage historischer Daten,
Markttrends und anderer relevanter Faktoren. In

diesem Abschnitt besprechen wir Techniken zur Finanzprognose und wie Unternehmen diese nutzen können, um zukünftiges Wachstum, Investitionen und Finanzierungsbedarf zu planen.

Anhand von Beispielen von Finanzanalysten und Unternehmensfinanzexperten untersuchen wir Techniken wie Trendanalyse, Regressionsanalyse und Szenarioplanung und wie diese zur Prognose von Umsätzen, Ausgaben und Cashflows eingesetzt werden können. Wir besprechen auch die Bedeutung von Sensitivitätsanalysen und Stresstests bei der Bewertung der möglichen Auswirkungen verschiedener Szenarien auf die finanzielle Leistung eines Unternehmens und bei der Entwicklung von Notfallplänen zur Risikominderung.

10.5 Fazit: Finanzanalysen zum Erfolg nutzen

Am Ende dieses Kapitels ist klar, dass die Finanzanalyse ein leistungsstarkes Tool für

Unternehmen ist, die fundierte Entscheidungen treffen und ihre finanziellen Ziele erreichen möchten. Wenn Unternehmen die Prinzipien der Finanzanalyse verstehen, Jahresabschlüsse und -kennzahlen effektiv interpretieren und Finanzprognosetechniken zur Planung für die Zukunft verwenden, können sie wertvolle Einblicke in ihre finanzielle Leistung gewinnen und sich für den Erfolg in der heutigen wettbewerbsorientierten Geschäftswelt positionieren.

In den folgenden Kapiteln werden wir uns eingehender mit anderen Aspekten der Unternehmensfinanzierung befassen, darunter strategische Planung, Leistungsmanagement und Investitionsentscheidungen. Nehmen Sie sich vorerst jedoch die Zeit, über die in diesem Kapitel vorgestellten Erkenntnisse und Strategien nachzudenken und beginnen Sie mit deren Umsetzung in Ihrem eigenen Unternehmen, um Finanzanalysen für Ihren Erfolg zu nutzen.

# Kapitel 11: Strategische Planung: Den Kurs zum Erfolg festlegen

Strategische Planung ist ein grundlegender Prozess für Unternehmen, der Entscheidungen und Maßnahmen zur Erreichung langfristiger Ziele steuert. In diesem Kapitel untersuchen wir die Grundsätze der strategischen Planung und diskutieren Strategien zur Entwicklung und Umsetzung effektiver strategischer Pläne, die den Geschäftserfolg vorantreiben.

## 11.1 Strategische Planung verstehen: Die Vision festlegen

Bei der strategischen Planung geht es darum, eine klare Vision für die Zukunft des Unternehmens zu entwickeln und einen Fahrplan zu entwickeln, um diese Vision zu erreichen. In diesem Abschnitt besprechen wir die Grundlagen der strategischen Planung und wie Unternehmen sie nutzen können, um ihre Ressourcen und Aktivitäten an ihren langfristigen Zielen auszurichten.

Anhand von Beispielen von Unternehmen wie Amazon, Google und Apple untersuchen wir die Komponenten eines strategischen Plans, darunter Leitbilder, Visionen, Ziele, Zielsetzungen und Aktionspläne. Wir besprechen auch die Bedeutung von Umweltanalysen und SWOT-Analysen bei der Bewertung interner Stärken und Schwächen sowie externer Chancen und Risiken, um strategische Entscheidungen zu treffen.

## 11.2 Strategische Ziele setzen: Erfolg definieren

Strategische Ziele sind spezifische, messbare Ziele, die Unternehmen innerhalb eines definierten Zeitrahmens erreichen möchten, um ihre Vision und Mission zu verwirklichen. In diesem Abschnitt besprechen wir Techniken zum Setzen strategischer Ziele und wie Unternehmen diese nutzen können, um Leistung und Verantwortlichkeit in der gesamten Organisation zu steigern.

Anhand von Beispielen von Unternehmensführern wie Jeff Bezos von Amazon, Tim Cook von Apple und Satya Nadella von Microsoft untersuchen wir Techniken wie SMART-Kriterien (Spezifisch, Messbar, Erreichbar, Relevant, Zeitgebunden) und OKRs (Ziele und Schlüsselergebnisse) und wie diese verwendet werden können, um klare, umsetzbare Ziele festzulegen, die mit den strategischen Prioritäten des Unternehmens übereinstimmen. Wir besprechen auch die Bedeutung der kaskadierenden Zielsetzung im gesamten Unternehmen und der Ausrichtung individueller Ziele an den Unternehmenszielen, um Übereinstimmung und Verantwortlichkeit sicherzustellen.

11.3 Strategische Analyse: Beurteilung der Wettbewerbsposition

Bei der strategischen Analyse geht es darum, das Wettbewerbsumfeld zu bewerten und Chancen und Risiken zu identifizieren, um strategische Entscheidungen zu treffen. In diesem Abschnitt besprechen wir Techniken zur strategischen Analyse und wie Unternehmen diese nutzen können, um ihre Wettbewerbsposition zu verstehen und Strategien für einen nachhaltigen Wettbewerbsvorteil zu entwickeln.

Anhand von Beispielen von Branchenanalysten und Experten für Wettbewerbsanalysen untersuchen wir Techniken wie Porters Fünf-Kräfte-Analyse, SWOT-Analyse und PESTLE-Analyse und wie diese zur Bewertung von Branchendynamik, Wettbewerbsbedrohungen und Marktchancen eingesetzt werden können. Wir besprechen auch die Bedeutung von Benchmarking und Wettbewerbsanalyse für das Verständnis von Branchentrends und Best Practices und wie Unternehmen strategische Analysen nutzen können, um strategische Lücken zu identifizieren und Pläne zu entwickeln, um diese zu schließen.

11.4 Strategieformulierung: Entwicklung von Aktionsplänen

Bei der Strategieformulierung geht es darum, Aktionspläne und Initiativen zu entwickeln, um strategische Ziele zu erreichen und die Vision und Mission des Unternehmens zu verwirklichen. In diesem Abschnitt besprechen wir Techniken zur Strategieformulierung und wie Unternehmen diese nutzen können, um strategische Ziele in umsetzbare Pläne und Initiativen umzusetzen.

Anhand von Beispielen von Strategieplanern und Unternehmensberatern werden wir

Techniken wie die Ansoff-Matrix, die BCG-Matrix und die GE-McKinsey-Matrix untersuchen und wie diese eingesetzt werden können, um Wachstumschancen zu identifizieren, Ressourcen zuzuweisen und strategische Initiativen zu priorisieren. Wir werden auch die Bedeutung der strategischen Ausrichtung und Integration diskutieren, um sicherzustellen, dass die Strategieformulierung mit der allgemeinen Vision, Mission und den Werten des Unternehmens übereinstimmt.

## 11.5 Strategieumsetzung: Ausführung des Plans

Zur Strategieumsetzung gehört die Ausführung des strategischen Plans und die Überwachung des Fortschritts bei der Erreichung strategischer Ziele. In diesem Abschnitt besprechen wir Techniken zur Strategieumsetzung und wie Unternehmen diese nutzen können, um Herausforderungen zu meistern und die erfolgreiche Umsetzung ihrer strategischen Initiativen sicherzustellen.

Anhand von Beispielen von Projektmanagement-Experten und Change-Management-Experten untersuchen wir Techniken wie Projektplanung, Ressourcenzuweisung und Leistungsüberwachung und wie diese eingesetzt werden können, um die Ausführung und Verantwortlichkeit im gesamten Unternehmen voranzutreiben. Wir werden auch die Bedeutung von Kommunikation und Führung bei der Förderung einer Kultur der strategischen Ausführung erörtern und sicherstellen, dass die Mitarbeiter auf die strategischen Ziele des Unternehmens ausgerichtet und engagiert sind.

## 11.6 Fazit: Business Excellence durch strategische Planung erreichen

Am Ende dieses Kapitels wird deutlich, dass strategische Planung für Unternehmen, die langfristigen Erfolg und Wettbewerbsvorteile erzielen möchten, von entscheidender Bedeutung ist. Wenn Unternehmen die Grundsätze der strategischen Planung verstehen, klare Ziele festlegen, strategische Analysen durchführen, umsetzbare Strategien formulieren und den Plan effektiv umsetzen, können sie einen Kurs zum Erfolg einschlagen und ihre Geschäftsziele erreichen.

In den folgenden Kapiteln werden wir uns eingehender mit anderen Aspekten der Unternehmensfinanzierung befassen, darunter Leistungsmanagement, Organisationsentwicklung und Führung. Nehmen Sie sich vorerst jedoch die Zeit, über die in diesem Kapitel vorgestellten Erkenntnisse und Strategien nachzudenken und beginnen Sie mit deren Umsetzung in Ihrem eigenen Unternehmen, um durch strategische Planung geschäftliche Spitzenleistungen zu erzielen.

# Kapitel 12: Leistungsmanagement: Exzellenz und Verantwortlichkeit vorantreiben

Leistungsmanagement ist für Unternehmen unerlässlich, um die Leistung ihrer Mitarbeiter, Teams und Abläufe zu überwachen, zu bewerten und zu verbessern. In diesem Kapitel untersuchen wir die Grundsätze des Leistungsmanagements und diskutieren Strategien zur Förderung von Spitzenleistung und Verantwortlichkeit im gesamten Unternehmen.

## 12.1 Performance Management verstehen: Ein ganzheitlicher Ansatz

Performancemanagement ist ein umfassender Prozess, der das Setzen klarer Erwartungen, die Überwachung der Leistung, die Bereitstellung von Feedback und die Belohnung von Erfolgen umfasst. In diesem Abschnitt besprechen wir die Grundlagen des Performancemanagements und wie Unternehmen es nutzen können, um individuelle und organisatorische Ziele aufeinander abzustimmen und Spitzenleistungen zu erzielen.

Anhand von Beispielen von Unternehmen wie Google, General Electric und Toyota untersuchen wir die Komponenten des Leistungsmanagements, darunter Zielsetzung, Leistungsbeurteilung, Coaching und Entwicklung sowie Belohnungen und Anerkennung. Wir diskutieren auch die Bedeutung von kontinuierlichem Feedback und Kommunikation im Leistungsmanagement und wie Unternehmen eine Kultur der Verantwortlichkeit und hohen Leistung schaffen können.

## 12.2 Leistungsziele festlegen: SMART-Ziele

Das Setzen klarer und spezifischer Leistungsziele ist der erste Schritt zu einem effektiven Leistungsmanagement. In diesem Abschnitt besprechen wir Techniken zum Setzen von SMART-Leistungszielen (spezifisch, messbar, erreichbar, relevant, zeitgebunden) und wie Unternehmen diese nutzen können, um individuelle Ziele mit den Prioritäten und Erwartungen der Organisation in Einklang zu bringen.

Anhand von Beispielen von Leistungsmanagement-Experten und Personalfachleuten untersuchen wir Techniken zum Setzen von Leistungszielen, die sinnvoll, erreichbar und auf die strategischen Ziele des Unternehmens abgestimmt sind. Wir besprechen auch die Bedeutung der kaskadierenden Zielsetzung innerhalb der gesamten Organisation und stellen sicher, dass individuelle Ziele mit Abteilungs- und Unternehmenszielen verknüpft sind, um Abstimmung und Verantwortlichkeit zu fördern.

12.3 Leistungsüberwachung: Datengestützte Erkenntnisse

Bei der Leistungsüberwachung werden Daten gesammelt und analysiert, um den Fortschritt bei der Erreichung von Leistungszielen zu verfolgen. In diesem Abschnitt besprechen wir Techniken zur effektiven Leistungsüberwachung und wie Unternehmen datengesteuerte Erkenntnisse nutzen können, um Trends zu erkennen, Probleme zu diagnostizieren und fundierte Entscheidungen zu treffen.

Anhand von Beispielen von Unternehmen wie Netflix, Salesforce und Procter & Gamble untersuchen wir Techniken zur Leistungsmessung, darunter Key Performance Indicators (KPIs), Dashboards und Scorecards, und wie diese zur Überwachung der Leistung in verschiedenen Dimensionen des Unternehmens eingesetzt werden können. Wir besprechen auch die Bedeutung von Echtzeitüberwachung und kontinuierlichem Feedback bei der Identifizierung von Leistungslücken und Verbesserungsmöglichkeiten und wie Unternehmen Leistungsdaten zur Entscheidungsfindung und Ressourcenzuweisung nutzen können.

## 12.4 Feedback geben und coachen: Mitarbeiter befähigen

Regelmäßiges Feedback und Coaching sind unerlässlich, damit Mitarbeiter ihre Leistungserwartungen verstehen, Verbesserungsbereiche erkennen und ihre Fähigkeiten und Kompetenzen weiterentwickeln können. In diesem Abschnitt besprechen wir Techniken für effektives Feedback und Coaching und wie Unternehmen diese nutzen können, um Mitarbeiter zu befähigen und Leistungsverbesserungen voranzutreiben.

Anhand von Beispielen von Führungsexperten und Unternehmensberatern untersuchen wir

Techniken, mit denen Sie konstruktives Feedback geben, Leistungsbeurteilungen durchführen und Coaching und Mentoring anbieten können, um die Entwicklung Ihrer Mitarbeiter zu unterstützen. Wir besprechen auch, wie wichtig es ist, eine Kultur des kontinuierlichen Lernens und der kontinuierlichen Verbesserung zu schaffen und wie Unternehmen offene Kommunikation und Vertrauen fördern können, um Feedback- und Coaching-Interaktionen zu erleichtern.

## 12.5 Belohnung und Anerkennung von Leistungen: Motivation zu Spitzenleistungen

Die Belohnung und Anerkennung von Leistungen ist wichtig, um Mitarbeiter zu motivieren, ihr Engagement zu fördern und gewünschte Verhaltensweisen und Ergebnisse zu verstärken. In diesem Abschnitt besprechen wir Techniken zur Belohnung und Anerkennung von Leistung und wie Unternehmen diese nutzen können, um eine Kultur der Exzellenz und Verantwortlichkeit zu schaffen.

Anhand von Beispielen von Unternehmen wie Zappos, Southwest Airlines und Starbucks untersuchen wir Techniken zur Gestaltung und Umsetzung effektiver Belohnungs- und Anerkennungsprogramme, darunter monetäre Anreize, nicht-monetäre Belohnungen und soziale Anerkennung. Wir diskutieren auch die Bedeutung von Fairness und Transparenz in Belohnungssystemen und wie Unternehmen Belohnungen und Anerkennung nutzen können, um Werte und Verhaltensweisen zu stärken, die zum Unternehmenserfolg beitragen.

## 12.6 Fazit: Exzellenz durch Performance Management vorantreiben

Am Ende dieses Kapitels wird deutlich, dass Performance-Management für Unternehmen, die Spitzenleistungen erzielen und erfolgreich sein wollen, unverzichtbar ist. Wenn Unternehmen die Prinzipien des Performance-Managements verstehen, klare Ziele und Erwartungen setzen, die Leistung effektiv überwachen, Feedback und

Coaching geben und Erfolge belohnen und anerkennen, können sie eine Kultur der Verantwortlichkeit, des Engagements und der hohen Leistung schaffen.

In den folgenden Kapiteln werden wir uns eingehender mit anderen Aspekten des Unternehmensmanagements befassen, darunter Organisationsentwicklung, Führung und Mitarbeiterengagement. Nehmen Sie sich zunächst die Zeit, über die in diesem Kapitel vorgestellten Erkenntnisse und Strategien nachzudenken und beginnen Sie, sie in Ihrem eigenen Unternehmen umzusetzen, um durch Leistungsmanagement Spitzenleistungen zu erzielen.

# Kapitel 13: Mitarbeiterengagement: Förderung einer Kultur der Einsatzbereitschaft und Produktivität

Das Engagement der Mitarbeiter ist für Unternehmen von entscheidender Bedeutung, um eine engagierte, motivierte und produktive Belegschaft aufzubauen. In diesem Kapitel untersuchen wir die Grundsätze des Mitarbeiterengagements und diskutieren Strategien zur Schaffung eines positiven Arbeitsumfelds, in dem sich die Mitarbeiter wertgeschätzt, befähigt und motiviert fühlen, zum Erfolg des Unternehmens beizutragen.

13.1 Mitarbeiterengagement verstehen: Die Macht der Verbindung

Mitarbeiterengagement bezieht sich auf die emotionale Bindung und Investition, die

Mitarbeiter in ihre Arbeit und das Unternehmen stecken. In diesem Abschnitt besprechen wir die Grundlagen des Mitarbeiterengagements und wie Unternehmen eine Kultur des Engagements fördern können, um Leistung und Bindung zu fördern.

Anhand von Beispielen von Unternehmen wie Google, Facebook und Netflix untersuchen wir die Komponenten des Mitarbeiterengagements, darunter Arbeitszufriedenheit, Engagement für das Unternehmen und freiwilliger Einsatz. Wir diskutieren auch die Bedeutung von Kommunikation, Zusammenarbeit und Vertrauen beim Aufbau starker Beziehungen zwischen Mitarbeitern und Unternehmen und wie Unternehmen Möglichkeiten für sinnvolle Arbeit und Karriereentwicklung schaffen können, um das Engagement der Mitarbeiter zu steigern.

13.2 Messung des Mitarbeiterengagements: Die Mitarbeitererfahrung

Die Messung des Mitarbeiterengagements ist wichtig, um die Faktoren zu verstehen, die das Engagement fördern, und um Verbesserungsbereiche zu identifizieren. In diesem Abschnitt besprechen wir Techniken zur Messung des Mitarbeiterengagements und wie Unternehmen Mitarbeiterfeedback nutzen können, um die Mitarbeitererfahrung zu verbessern.

Anhand von Beispielen aus Mitarbeiterbefragungen und Feedbackmechanismen, die von Unternehmen wie Airbnb, LinkedIn und Tesla verwendet werden, untersuchen wir Techniken zur Messung des Mitarbeiterengagements, darunter Umfragen, Fokusgruppen und Einzelinterviews. Wir diskutieren auch die Bedeutung von Anonymität, Vertraulichkeit und Transparenz beim Sammeln und Analysieren von Mitarbeiterfeedback und wie Unternehmen Daten zum Mitarbeiterengagement nutzen können, um Trends, Stärken und

Verbesserungsmöglichkeiten am Arbeitsplatz zu identifizieren.

13.3 Mitarbeiterengagement steigern: Ein positives Arbeitsumfeld schaffen

Die Schaffung einer positiven Arbeitsumgebung ist für die Förderung des Engagements und der Zufriedenheit der Mitarbeiter von entscheidender Bedeutung. In diesem Abschnitt besprechen wir Strategien zur Steigerung des Mitarbeiterengagements und zur Schaffung einer Arbeitskultur, in der sich die Mitarbeiter wertgeschätzt, respektiert und motiviert fühlen, ihr Bestes zu geben.

Anhand von Beispielen von Unternehmen wie Patagonia, Southwest Airlines und HubSpot, die für ihre starke Arbeitsplatzkultur bekannt sind, untersuchen wir Strategien zur Steigerung des Mitarbeiterengagements, darunter die Förderung offener Kommunikation, die Förderung der Work-Life-Balance sowie die Anerkennung und Belohnung von Mitarbeiterbeiträgen. Wir diskutieren auch die Bedeutung von Führungs- und Managementpraktiken bei der Schaffung eines unterstützenden und integrativen Arbeitsumfelds, in dem sich die Mitarbeiter ermutigt fühlen, ihre Meinung zu äußern, Ideen auszutauschen und Verantwortung für ihre Arbeit zu übernehmen.

## 13.4 Mitarbeiterentwicklung fördern: In Wachstum investieren

Investitionen in die Mitarbeiterentwicklung sind unerlässlich, um Engagement und Bindung zu fördern und eine qualifizierte und motivierte Belegschaft aufzubauen. In diesem Abschnitt besprechen wir Strategien zur Förderung der Mitarbeiterentwicklung und zur Schaffung von Möglichkeiten zum Lernen, Wachstum und Aufstieg innerhalb des Unternehmens.

Anhand von Beispielen von Unternehmen wie IBM, Salesforce und Microsoft untersuchen wir Techniken zur Mitarbeiterentwicklung, darunter Schulungsprogramme, Mentoring-Möglichkeiten und Studienkostenerstattung. Wir besprechen auch die Bedeutung von Karriereplanung und Nachfolgemanagement, um Mitarbeitern dabei zu helfen, ihre Karriereziele zu identifizieren und einen Weg für Wachstum und Aufstieg innerhalb des Unternehmens zu finden.

13.5 Mitarbeiterengagement aufrechterhalten: Kontinuierliche Verbesserung

Um das Engagement der Mitarbeiter aufrechtzuerhalten, sind kontinuierliche Anstrengungen und Engagement seitens der Organisation erforderlich. In diesem Abschnitt besprechen wir Strategien zur Aufrechterhaltung des Mitarbeiterengagements und zur Förderung einer Kultur der kontinuierlichen Verbesserung und Innovation.

Anhand von Beispielen von Unternehmen wie Amazon, Intel und Toyota untersuchen wir Techniken zur Aufrechterhaltung des Mitarbeiterengagements, darunter regelmäßige Kommunikation und Feedback,

Leistungsanerkennungsprogramme und die Einbeziehung der Mitarbeiter in Entscheidungsprozesse. Wir erörtern auch die Bedeutung der Überwachung von Kennzahlen und Trends zum Mitarbeiterengagement im Laufe der Zeit und der Anpassung organisatorischer Praktiken und Richtlinien, um den sich ändernden Bedürfnissen und Vorlieben der Mitarbeiter gerecht zu werden.

## 13.6 Fazit: Eine Kultur des Engagements kultivieren

Am Ende dieses Kapitels ist klar, dass das Engagement der Mitarbeiter für Unternehmen, die eine leistungsstarke und motivierte Belegschaft aufbauen möchten, von entscheidender Bedeutung ist. Indem Unternehmen die Grundsätze des Mitarbeiterengagements verstehen, das Engagement effektiv messen, die Mitarbeitererfahrung verbessern, die Mitarbeiterentwicklung fördern und das Engagement durch kontinuierliche Verbesserung

aufrechterhalten, können sie eine Kultur
schaffen, in der die Mitarbeiter engagiert,
engagiert und leidenschaftlich bei der Arbeit und
dem Erfolg des Unternehmens sind.

In den folgenden Kapiteln werden wir uns
eingehender mit anderen Aspekten der
Unternehmensführung befassen, darunter
Führung, Unternehmenskultur und
Talentmanagement. Nehmen Sie sich zunächst
die Zeit, über die in diesem Kapitel vorgestellten
Erkenntnisse und Strategien nachzudenken und
beginnen Sie, sie in Ihrem eigenen Unternehmen
umzusetzen, um eine Kultur des Engagements
zu fördern und den Erfolg durch Ihr wertvollstes
Kapital voranzutreiben – Ihre Mitarbeiter.

# Kapitel 14: Innovation und Anpassung: Den Wandel in der Geschäftslandschaft meistern

Innovation und Anpassung sind für Unternehmen von entscheidender Bedeutung, um in der sich rasch entwickelnden Geschäftswelt von heute erfolgreich zu sein. In diesem Kapitel untersuchen wir die Prinzipien von Innovation und Anpassung und diskutieren Strategien zur Förderung einer Kultur der Kreativität, Agilität und Belastbarkeit, um den Wandel zu meistern und Wachstum voranzutreiben.

## 14.1 Innovation verstehen: Der Motor des Wachstums

Innovation ist der Prozess der Entwicklung neuer Ideen, Produkte, Dienstleistungen oder Prozesse, die Mehrwert für Kunden schaffen und das Wachstum des Unternehmens vorantreiben.

In diesem Abschnitt besprechen wir die
Grundlagen der Innovation und wie
Unternehmen eine Innovationskultur fördern
können, um auf dem Markt wettbewerbsfähig zu
bleiben.

Anhand von Beispielen innovativer
Unternehmen wie Tesla, Apple und Airbnb
untersuchen wir die Komponenten von
Innovation, darunter Kreativität,
Experimentierfreude und Risikobereitschaft. Wir
diskutieren auch die Bedeutung von
Führungsunterstützung,
abteilungsübergreifender Zusammenarbeit und
Kundenorientierung bei der Förderung von
Innovation und der Förderung kontinuierlicher
Verbesserungen und Durchbrüche.

14.2 Arten von Innovationen: Von inkrementell
bis disruptiv

Innovationen können viele Formen annehmen,
von schrittweisen Verbesserungen bestehender
Produkte oder Prozesse bis hin zu

bahnbrechenden Innovationen, die Branchen und Märkte grundlegend verändern. In diesem Abschnitt besprechen wir die verschiedenen Arten von Innovationen und wie Unternehmen sie nutzen können, um Wachstum und Wettbewerbsvorteile zu erzielen.

Anhand von Beispielen von Unternehmen wie Google, Netflix und Uber untersuchen wir verschiedene Arten von Innovationen, darunter Produktinnovation, Prozessinnovation, Geschäftsmodellinnovation und disruptive Innovation. Wir diskutieren auch, wie wichtig es ist, Markttrends, Kundenbedürfnisse und Wettbewerbsdynamik zu verstehen, um Innovationsmöglichkeiten zu erkennen und Strategien zu entwickeln, um diese zu nutzen.

14.3 Der Innovationsprozess: Von der Idee zur Wirkung

Der Innovationsprozess umfasst eine Reihe von Schritten, von der Ideenfindung und -validierung bis hin zur Umsetzung und Vermarktung. In diesem Abschnitt besprechen wir die Phasen des Innovationsprozesses und wie Unternehmen Innovationen effektiv managen können, um ihre Wirkung und ihren Erfolg zu maximieren.

Anhand von Beispielen aus Innovationsrahmen wie Design Thinking, Lean Startup und Agile-Methoden untersuchen wir Techniken zur Ideenfindung, zum Prototyping, Testen und Skalieren. Wir diskutieren auch die Bedeutung von Iteration, Feedback und Wiederholung im Innovationsprozess und wie Unternehmen eine Umgebung schaffen können, die Experimente und Lernen fördert, um Innovation und Anpassung voranzutreiben.

14.4 Veränderungen bewältigen: Anpassung an die Marktdynamik

Veränderungen sind in der Geschäftswelt unvermeidlich und werden durch Faktoren wie technologische Fortschritte, Marktstörungen und sich ändernde Verbraucherpräferenzen vorangetrieben. In diesem Abschnitt besprechen wir Strategien für die effektive Bewältigung von Veränderungen und die Anpassung an die Marktdynamik, um relevant und wettbewerbsfähig zu bleiben.

Anhand von Beispielen von Unternehmen wie Amazon, Microsoft und Starbucks, die den Wandel erfolgreich gemeistert haben, untersuchen wir Techniken für das Change Management, darunter Kommunikation, Stakeholder-Engagement und organisatorische Belastbarkeit. Wir diskutieren auch die Bedeutung von Agilität, Flexibilität und Anpassungsfähigkeit bei der Reaktion auf Veränderungen und wie Unternehmen Fähigkeiten und Prozesse aufbauen können, die es ihnen ermöglichen, Marktveränderungen effektiv vorherzusehen und darauf zu reagieren.

14.5 Aufbau einer Kultur der Innovation und Anpassung

Der Aufbau einer Innovations- und Anpassungskultur ist unerlässlich, um

Innovationen in die DNA der Organisation einzubetten und nachhaltiges Wachstum und Erfolg zu fördern. In diesem Abschnitt besprechen wir Strategien zum Aufbau einer Innovations- und Anpassungskultur und zur Förderung einer Umgebung, in der Kreativität, Experimentierfreude und Lernen gefördert und gefeiert werden.

Anhand von Beispielen von Unternehmen wie Google X, 3M und IDEO untersuchen wir Techniken zur Förderung einer Innovationskultur, darunter Führungsunterstützung, Mitarbeiterermächtigung sowie Belohnungs- und Anerkennungssysteme. Wir diskutieren auch die Bedeutung von Vielfalt, Inklusion und psychologischer Sicherheit bei der Förderung von Kreativität und Zusammenarbeit und wie Unternehmen Strukturen und Prozesse schaffen können, die Innovation und Anpassung auf allen Ebenen der Organisation unterstützen.

## 14.6 Schlussfolgerung: Innovation und Anpassung fördern

Am Ende dieses Kapitels wird deutlich, dass Innovation und Anpassung für Unternehmen, die in der dynamischen Geschäftswelt von heute erfolgreich sein wollen, unverzichtbar sind. Wenn Unternehmen die Prinzipien der Innovation verstehen, Veränderungen effektiv managen und eine Kultur der Kreativität und Agilität aufbauen, können sie sich für langfristigen Erfolg und Wachstum in einer sich ständig verändernden Welt positionieren.

In den folgenden Kapiteln werden wir uns eingehender mit anderen Aspekten des Unternehmensmanagements befassen, darunter strategische Planung, Führung und Talentmanagement. Nehmen Sie sich zunächst die Zeit, über die in diesem Kapitel vorgestellten Erkenntnisse und Strategien nachzudenken und beginnen Sie mit deren Umsetzung in Ihrem eigenen Unternehmen, um Innovation und Anpassung zu fördern und im heutigen

wettbewerbsorientierten Geschäftsumfeld
erfolgreich zu sein.

# Kapitel 15: Strategische Partnerschaften und Zusammenarbeit: Synergien für Wachstum nutzen

Strategische Partnerschaften und Zusammenarbeit spielen eine entscheidende Rolle für den Erfolg und das Wachstum von Unternehmen, da sie ihnen Zugang zu neuen Märkten, Technologien und Ressourcen verschaffen und gleichzeitig Synergien und gemeinsames Fachwissen nutzen. In diesem Kapitel untersuchen wir die Grundsätze strategischer Partnerschaften und Zusammenarbeit und diskutieren Strategien zum Aufbau und zur Verwaltung erfolgreicher Partnerschaften zur Förderung des Unternehmenswachstums.

15.1 Strategische Partnerschaften verstehen: Wertschöpfung durch Zusammenarbeit

Strategische Partnerschaften beinhalten formelle Vereinbarungen zwischen zwei oder mehr Organisationen zur Zusammenarbeit bei bestimmten Projekten, Initiativen oder Zielen. In diesem Abschnitt besprechen wir die Grundlagen strategischer Partnerschaften und wie Unternehmen sie nutzen können, um Wert zu schaffen und Wachstum voranzutreiben.

Anhand von Beispielen von Unternehmen wie Apple und Nike, die bei der Entwicklung des Nike+ iPod-Sport-Kits zusammengearbeitet haben, sowie Microsoft und Adobe, die eine Partnerschaft zur Integration von Adobe Creative Cloud in Microsoft Teams eingegangen sind, untersuchen wir die Vorteile strategischer Partnerschaften, darunter den Zugang zu neuen Märkten, Technologien und Fachwissen sowie Kostenteilung und Risikominderung. Wir besprechen auch verschiedene Arten strategischer Partnerschaften, wie Joint Ventures, Allianzen und Lizenzvereinbarungen, und wie Unternehmen potenzielle Partner identifizieren und bewerten können, um sicherzustellen, dass sie ihren strategischen Zielen und Werten entsprechen.

15.2 Aufbau strategischer Allianzen: Abstimmung von Zielen und Ressourcen

Strategische Allianzen sind langfristige Partnerschaften zwischen Organisationen, die sich gegenseitig ergänzende Stärken, Fähigkeiten und Ressourcen nutzen, um gemeinsame Ziele zu erreichen. In diesem Abschnitt besprechen wir Strategien zum Aufbau und zur Verwaltung strategischer Allianzen und wie Unternehmen diese nutzen können, um Innovation, Marktexpansion und Wettbewerbsvorteile voranzutreiben.

Anhand von Beispielen von Unternehmen wie Starbucks und Nestlé, die eine strategische Allianz zur weltweiten Vermarktung und Verteilung von Starbucks-Kaffeeprodukten gebildet haben, sowie Toyota und Mazda, die bei der Entwicklung von Elektrofahrzeugtechnologie zusammengearbeitet haben, werden wir Techniken zum Aufbau erfolgreicher Allianzen untersuchen, darunter die Festlegung klarer Ziele und Erwartungen, die Abstimmung von Anreizen und Interessen sowie die Förderung von Vertrauen und Kommunikation. Wir werden auch die Bedeutung von Flexibilität und Anpassungsfähigkeit bei der Verwaltung strategischer Allianzen erörtern und wie Unternehmen Herausforderungen und Konflikte meistern können, um den Wert ihrer Partnerschaften zu maximieren.

15.3 Zusammenarbeit mit Lieferanten und Kunden: Schaffung von Wertschöpfungsketten

Die Zusammenarbeit mit Lieferanten und Kunden ist für die Optimierung von Wertschöpfungsketten und die Bereitstellung hochwertiger Produkte und Dienstleistungen auf dem Markt von entscheidender Bedeutung. In diesem Abschnitt besprechen wir Strategien für die Zusammenarbeit mit Lieferanten und Kunden und wie Unternehmen diese

Beziehungen nutzen können, um Effizienz, Innovation und Kundenzufriedenheit zu steigern.

Anhand von Beispielen von Unternehmen wie Walmart und Procter & Gamble, die bei Initiativen zur Optimierung der Lieferkette zusammengearbeitet haben, um Kosten zu senken und die Bestandsverwaltung zu verbessern, sowie von Apple und seinem Ökosystem von App-Entwicklern, die zusammenarbeiten, um innovative und benutzerfreundliche Anwendungen für Apple-Geräte zu entwickeln, werden wir Techniken für die Zusammenarbeit mit Lieferanten und Kunden untersuchen, darunter gemeinsame Produktentwicklung, gemeinsam genutzte Daten und Erkenntnisse sowie strategische Beschaffungspartnerschaften. Wir werden auch die Bedeutung von Transparenz, Kommunikation und Vertrauen beim Aufbau starker Beziehungen zu Lieferanten und Kunden erörtern und wie Unternehmen durch Zusammenarbeit über die gesamte

Wertschöpfungskette hinweg Mehrwert schaffen können.

15.4 Partnerschaften mit Wettbewerbern: Coopetition und Ökosysteme

Durch die Partnerschaft mit Wettbewerbern, auch als Coopetition bekannt, können Unternehmen Zugang zu neuen Märkten, Technologien und Chancen erhalten, während sie in anderen Bereichen weiterhin im Wettbewerb bleiben. In diesem Abschnitt besprechen wir Strategien für Coopetition und wie Unternehmen die Komplexität der Zusammenarbeit mit Wettbewerbern meistern können, um gegenseitige Vorteile zu erzielen.

Anhand von Beispielen aus Branchen wie der Technologie, wo Unternehmen wie Apple und Google in einigen Bereichen konkurrieren, in anderen jedoch zusammenarbeiten, und dem Gesundheitswesen, wo Pharmaunternehmen bei der Arzneimittelentwicklung zusammenarbeiten, während sie auf dem Markt konkurrieren, werden wir Techniken für Coopetition untersuchen, darunter die Festlegung klarer Grenzen und Einsatzregeln, die Konzentration auf Bereiche von gegenseitigem Interesse und Nutzen sowie die Nutzung gemeinsamer Plattformen und Ökosysteme zur Wertschöpfung. Wir werden auch die Bedeutung von Vertrauen, Transparenz und Kommunikation beim Aufbau erfolgreicher kooperativer Beziehungen erörtern und wie Unternehmen Coopetition nutzen können, um Innovation, Marktexpansion und nachhaltiges Wachstum voranzutreiben.

15.5 Strategische Partnerschaften managen: Best Practices und zu vermeidende Fallstricke

Das Management strategischer Partnerschaften erfordert sorgfältige Planung, Umsetzung und kontinuierliches Management, um Erfolg zu gewährleisten und den Wert für alle Beteiligten zu maximieren. In diesem Abschnitt besprechen wir bewährte Methoden für das Management strategischer Partnerschaften und häufige Fehler, die es zu vermeiden gilt.

Anhand von Beispielen von Unternehmen wie Amazon und seinem Netzwerk von Drittanbietern, die zusammenarbeiten, um die Produktauswahl auf der Amazon-Plattform zu erweitern, sowie IBM und seinem Ökosystem von Geschäftspartnern, die zusammenarbeiten, um Kunden integrierte Lösungen zu bieten, untersuchen wir Techniken zur Verwaltung strategischer Partnerschaften, einschließlich der Festlegung klarer Ziele und Erwartungen, der Definition von Rollen und Verantwortlichkeiten sowie der Entwicklung von Governance-Strukturen und Leistungskennzahlen. Wir besprechen auch häufige Herausforderungen und Fallstricke bei der Verwaltung strategischer Partnerschaften, wie Interessenkonflikte, falsche Anreize und kulturelle Unterschiede, und wie Unternehmen diese Probleme proaktiv angehen können, um erfolgreiche Kooperationen zu fördern und das Geschäftswachstum voranzutreiben.

## 15.6 Fazit: Die Kraft der Zusammenarbeit für Wachstum nutzen

Am Ende dieses Kapitels wird deutlich, dass strategische Partnerschaften und Zusammenarbeit für Unternehmen, die in der heutigen vernetzten und dynamischen Geschäftswelt Wachstum, Innovation und Wettbewerbsvorteile erzielen möchten, unverzichtbar sind. Wenn Unternehmen die Prinzipien strategischer Partnerschaften verstehen, starke Allianzen mit Lieferanten, Kunden und Wettbewerbern aufbauen und diese Beziehungen effektiv managen, können sie Synergien und gemeinsames Fachwissen nutzen, um Werte zu schaffen und ihre strategischen Ziele zu erreichen.

In den folgenden Kapiteln werden wir uns eingehender mit anderen Aspekten des Unternehmensmanagements befassen, darunter Führung, Unternehmenskultur und Talentmanagement. Nehmen Sie sich zunächst die Zeit, über die in diesem Kapitel vorgestellten Erkenntnisse und Strategien nachzudenken und beginnen Sie, sie in Ihrem eigenen Unternehmen umzusetzen, um die Kraft der Zusammenarbeit für Wachstum und Erfolg zu nutzen.

# Kapitel 16: Risikomanagement: Schutz des Geschäftsbetriebs und der Vermögenswerte

Risikomanagement ist ein wichtiger Aspekt der Unternehmensführung. Es umfasst die Identifizierung, Bewertung und Minderung von Risiken, die das Erreichen von Unternehmenszielen beeinträchtigen könnten. In diesem Kapitel werden wir die Grundsätze des Risikomanagements untersuchen und Strategien zum Schutz von Geschäftsabläufen und Vermögenswerten vor potenziellen Bedrohungen und Unsicherheiten diskutieren.

## 16.1 Risikomanagement verstehen: Die Bedeutung proaktiver Planung

Unter Risikomanagement versteht man den Prozess der Identifizierung, Bewertung und Verwaltung von Risiken, um deren Auswirkungen auf den Geschäftsbetrieb und die Geschäftsziele zu minimieren. In diesem Abschnitt besprechen wir die Grundlagen des Risikomanagements und warum es für Unternehmen so wichtig ist, einen proaktiven Ansatz zur Identifizierung und Minderung potenzieller Risiken zu verfolgen.

Anhand von Beispielen von Unternehmen wie Lehman Brothers, Enron und Volkswagen, die aufgrund unzureichender Risikomanagementpraktiken erhebliche finanzielle Schäden und Reputationsschäden erlitten haben, untersuchen wir die Folgen eines ineffektiven Risikomanagements und die Bedeutung proaktiver Planungs- und Risikominderungsstrategien. Wir diskutieren auch die Rolle von Risikomanagementrahmen und -methoden wie COSO ERM und ISO 31000, die Unternehmen dabei helfen, Risiken effektiv zu identifizieren, zu bewerten und darauf zu reagieren.

16.2 Risiken erkennen: Von internen zu externen Bedrohungen

Bei der Risikoermittlung geht es darum, potenzielle Bedrohungen und Unsicherheiten, die sich auf den Geschäftsbetrieb und die Geschäftsziele auswirken könnten, systematisch zu identifizieren und zu bewerten. In diesem

Abschnitt besprechen wir Techniken zur Risikoermittlung, einschließlich interner und externer Faktoren, die Risiken für das Unternehmen darstellen könnten.

Anhand von Beispielen aus Branchen wie Cybersicherheit, Lieferkettenmanagement und Einhaltung gesetzlicher Vorschriften untersuchen wir verschiedene Arten von Risiken, darunter Betriebsrisiken, Finanzrisiken, strategische Risiken und Compliance-Risiken. Wir besprechen auch die Bedeutung der Durchführung von Risikobewertungen mithilfe von Tools wie Risikoregistern, Risikomatrizen und Szenarioanalysen, um Risiken anhand ihrer Wahrscheinlichkeit und potenziellen Auswirkungen auf das Geschäft zu priorisieren.

16.3 Bewertung von Risiken: Quantifizierung von Auswirkung und Wahrscheinlichkeit

Bei der Bewertung von Risiken geht es darum, die potenziellen Auswirkungen und die Wahrscheinlichkeit von Risiken zu quantifizieren, um sie für die Risikominderung zu priorisieren. In diesem Abschnitt besprechen wir Techniken zur Risikobewertung und wie Unternehmen Risikobewertungsmethoden nutzen können, um fundierte Entscheidungen über Risikomanagementstrategien zu treffen.

Anhand von Beispielen aus der Risikobewertungspraxis von Finanzinstituten, Versicherungsunternehmen und Fertigungsunternehmen untersuchen wir Techniken zur Quantifizierung von Risiken, darunter qualitative und quantitative Ansätze. Wir werden auch die Bedeutung der Berücksichtigung sowohl der finanziellen als auch der nicht-finanziellen Auswirkungen von Risiken sowie der Eintrittswahrscheinlichkeit bei der Bewertung von Risiken und der Entwicklung von Risikominderungsplänen erörtern.

16.4 Risikomanagement: Minderungs- und Reaktionsstrategien

Zum Risikomanagement gehört die Entwicklung und Umsetzung von Strategien zur Minderung der Auswirkungen und Reduzierung der Eintrittswahrscheinlichkeit von Risiken. In diesem Abschnitt besprechen wir Techniken zum Risikomanagement und wie Unternehmen Risikominderungs- und Reaktionsstrategien zum Schutz ihrer Betriebsabläufe und Vermögenswerte einsetzen können.

Anhand von Beispielen aus der Risikomanagementpraxis von Unternehmen wie Johnson & Johnson, das eine Rückrufstrategie zur Abmilderung der Auswirkungen von Produktrückrufen implementierte, und BP, das einen Krisenmanagementplan zur Reaktion auf die Ölpest der Deepwater Horizon entwickelte, werden wir Techniken zum Risikomanagement untersuchen, darunter Risikovermeidung, Risikominderung, Risikoübertragung und Risikoakzeptanz. Wir werden auch die Bedeutung der Entwicklung von Notfallplänen und Geschäftskontinuitätsplänen erörtern, um auf unerwartete Ereignisse zu reagieren und die

Auswirkungen von Risiken auf den Geschäftsbetrieb zu minimieren.

## 16.5 Überwachung und Überprüfung von Risiken: Kontinuierliche Verbesserung

Die Überwachung und Überprüfung von Risiken ist unerlässlich, um sicherzustellen, dass Risikomanagementstrategien wirksam bleiben und auf sich ändernde Umstände reagieren können. In diesem Abschnitt besprechen wir Techniken zur Überwachung und Überprüfung von Risiken und wie Unternehmen Risikomanagementmetriken und -indikatoren verwenden können, um die Wirksamkeit von Risikomanagementbemühungen zu verfolgen.

Anhand von Beispielen aus Risikomanagementpraktiken von Unternehmen wie General Electric, das ein Risiko-Dashboard zur Überwachung wichtiger Risikoindikatoren implementiert hat, und Target, das regelmäßige Risikobewertungen zur Identifizierung neu auftretender Risiken durchführt, untersuchen wir

Techniken zur Risikoüberwachung, darunter regelmäßige Risikoberichte, Trendanalysen und Szenarioplanung. Wir erörtern auch die Bedeutung regelmäßiger Überprüfungen von Risikomanagementprozessen und -verfahren, um Verbesserungsbereiche zu identifizieren und kontinuierliche Verbesserungen der Risikomanagementpraktiken voranzutreiben.

16.6 Fazit: Resilienz durch effektives Risikomanagement

Zum Abschluss dieses Kapitels ist klar, dass ein effektives Risikomanagement für Unternehmen, die ihre Geschäftstätigkeit und ihr Vermögen vor potenziellen Bedrohungen und Unsicherheiten schützen möchten, von entscheidender Bedeutung ist. Durch das Verständnis der Grundsätze des Risikomanagements, die proaktive Identifizierung und Bewertung von Risiken sowie die Umsetzung effektiver Strategien zur Risikominderung und -bewältigung können Unternehmen ihre Widerstandsfähigkeit und Anpassungsfähigkeit verbessern, um die Komplexität des Geschäftsumfelds zu meistern und ihre strategischen Ziele zu erreichen.

In den folgenden Kapiteln werden wir uns eingehender mit anderen Aspekten der Unternehmensführung befassen, darunter Finanzmanagement, strategische Planung und Führung. Nehmen Sie sich zunächst die Zeit, über die in diesem Kapitel vorgestellten Erkenntnisse und Strategien nachzudenken und beginnen Sie mit deren Umsetzung in Ihrem eigenen Unternehmen, um Ihre Betriebsabläufe und Vermögenswerte vor potenziellen Risiken und Unsicherheiten zu schützen.

# Kapitel 17: Finanzmanagement: Navigieren Sie durch die Finanzlandschaft für den Geschäftserfolg

Das Finanzmanagement ist ein Eckpfeiler des Geschäftsbetriebs und umfasst die Planung, Organisation, Leitung und Kontrolle finanzieller Aktivitäten, um eine effiziente und effektive Nutzung der Ressourcen und das Erreichen der Unternehmensziele sicherzustellen. In diesem Kapitel werden wir die Grundsätze des Finanzmanagements untersuchen und Strategien zur Navigation durch die Finanzlandschaft diskutieren, um den Geschäftserfolg voranzutreiben.

## 17.1 Finanzmanagement verstehen: Die Grundlage der Geschäftstätigkeit

Finanzmanagement umfasst die strategische Verwaltung finanzieller Ressourcen zur Erreichung organisatorischer Ziele. In diesem Abschnitt besprechen wir die Grundlagen des Finanzmanagements und warum es für Unternehmen so wichtig ist, solide Finanzmanagementpraktiken umzusetzen.

Anhand von Beispielen von Unternehmen wie Warren Buffetts Berkshire Hathaway und Elon Musks Tesla untersuchen wir die wichtigsten Komponenten des Finanzmanagements, darunter Finanzplanung, Budgetierung, Prognosen und Finanzanalyse. Wir diskutieren auch die Rolle des Finanzmanagements bei der Unterstützung von Entscheidungsprozessen, der effektiven Ressourcenzuweisung und der Maximierung des Shareholder Value.

17.2 Finanzplanung und -prognose: Vorhersage zukünftiger Ergebnisse

Finanzplanung und -prognosen sind für Unternehmen unerlässlich, um die zukünftige finanzielle Entwicklung vorherzusehen und fundierte Entscheidungen über Ressourcenzuweisung und Investitionsstrategien zu treffen. In diesem Abschnitt besprechen wir Techniken zur Finanzplanung und -prognose und wie Unternehmen diese nutzen können, um die Unsicherheiten des Geschäftsumfelds zu meistern.

Anhand von Beispielen von Unternehmen wie Amazon und Walmart, die ausgefeilte Finanzmodellierungstechniken zur Prognose zukünftiger Umsätze und Gewinne einsetzen, werden wir Techniken zur Finanzplanung und -prognose untersuchen, darunter Budgetierung, Varianzanalyse und Szenarioplanung. Wir werden auch die Bedeutung der Berücksichtigung externer Faktoren wie Markttrends, wirtschaftliche Bedingungen und regulatorische Änderungen bei der Finanzprognose erörtern und wie Unternehmen Finanzprognosen nutzen können, um Chancen und Risiken zu erkennen und proaktiv Anpassungen an ihren Geschäftsstrategien vorzunehmen.

17.3 Budgetierung und Ressourcenzuweisung: Optimierung der finanziellen Ressourcen

Budgetierung und Ressourcenzuweisung sind für Unternehmen unerlässlich, um finanzielle Ressourcen effektiv zuzuweisen und sicherzustellen, dass sie effizient eingesetzt werden, um Unternehmensziele zu erreichen. In diesem Abschnitt besprechen wir Techniken zur Budgetierung und Ressourcenzuweisung und wie Unternehmen diese zur Optimierung ihrer finanziellen Ressourcen nutzen können.

Anhand von Beispielen von Unternehmen wie Google und Microsoft, die Zero-Base-Budgeting-Techniken verwenden, um Ressourcen auf der Grundlage strategischer Prioritäten zuzuweisen, werden wir Techniken zur Budgetierung und Ressourcenzuweisung untersuchen, darunter Top-down- und Bottom-up-Ansätze, aktivitätsbasierte Kostenrechnung und Kapitalbudgetierung. Wir werden auch die Bedeutung der Ausrichtung von Budgetierungs- und Ressourcenzuweisungsentscheidungen an strategischen Zielen erörtern und wie Unternehmen Leistungsmetriken und Key Performance Indicators (KPIs) verwenden können, um die Wirksamkeit ihrer Budgetierungs- und

Ressourcenzuweisungsprozesse zu überwachen und zu bewerten.

17.4 Finanzanalyse und Leistungsmessung: Bewertung der Unternehmensleistung

Finanzanalysen und Leistungsmessungen sind für Unternehmen unerlässlich, um ihre finanzielle Leistung zu bewerten und fundierte Entscheidungen über Ressourcenzuweisung und Investitionsstrategien zu treffen. In diesem Abschnitt besprechen wir Techniken zur Finanzanalyse und Leistungsmessung und wie Unternehmen diese nutzen können, um ihre finanzielle Gesundheit zu beurteilen und Verbesserungsbereiche zu identifizieren.

Anhand von Beispielen von Unternehmen wie Apple und Coca-Cola, die Finanzkennzahlen und Benchmarks verwenden, um ihre finanzielle Leistung im Vergleich zu Branchenkollegen zu bewerten, untersuchen wir Techniken zur Finanzanalyse und Leistungsmessung, darunter Verhältnisanalyse, Trendanalyse und

Benchmarking. Wir besprechen auch die Bedeutung der Verwendung sowohl finanzieller als auch nicht-finanzieller Kennzahlen zur umfassenden Bewertung der Unternehmensleistung und wie Unternehmen mithilfe von Finanzanalysen Trends, Chancen und Risiken erkennen und ihre Geschäftsstrategien proaktiv anpassen können.

17.5 Finanzrisikomanagement: Minderung finanzieller Unsicherheiten

Beim Finanzrisikomanagement geht es darum, finanzielle Risiken zu identifizieren, zu bewerten und zu mindern, die sich auf den Geschäftsbetrieb und die Geschäftsziele auswirken könnten. In diesem Abschnitt besprechen wir Techniken zum Finanzrisikomanagement und wie Unternehmen diese nutzen können, um ihre finanzielle Gesundheit und Stabilität zu sichern.

Anhand von Beispielen von Unternehmen wie JPMorgan Chase und Goldman Sachs, die ausgefeilte Risikomanagementtechniken zur Steuerung von Markt-, Kredit- und Liquiditätsrisiken einsetzen, untersuchen wir Techniken für das Finanzrisikomanagement, darunter Absicherung, Diversifizierung und Versicherung. Wir diskutieren auch die Bedeutung von Stresstests und Szenarioanalysen bei der Bewertung der potenziellen Auswirkungen von Finanzrisiken und wie Unternehmen Risikomanagementrahmen und -methoden nutzen können, um robuste Risikomanagementstrategien zu entwickeln.

17.6 Schlussfolgerung: Finanzielle Fitness für den Unternehmenserfolg erreichen

Am Ende dieses Kapitels wird deutlich, dass Finanzmanagement für Unternehmen, die ihre Finanzen fit halten und im heutigen wettbewerbsorientierten Geschäftsumfeld erfolgreich sein wollen, unverzichtbar ist. Wenn Unternehmen die Grundsätze des Finanzmanagements verstehen, solide Finanzplanungs- und Prognosepraktiken umsetzen, Budgetierungs- und Ressourcenzuweisungsentscheidungen optimieren, strenge Finanzanalysen und Leistungsmessungen durchführen und Finanzrisiken effektiv mindern, können sie sich in der Finanzlandschaft sicher zurechtfinden und ihre strategischen Ziele erreichen.

In den folgenden Kapiteln werden wir uns eingehender mit anderen Aspekten der Unternehmensführung befassen, darunter strategische Planung, Marketing und Personalmanagement. Nehmen Sie sich zunächst die Zeit, über die in diesem Kapitel vorgestellten Erkenntnisse und Strategien nachzudenken und beginnen Sie mit deren Umsetzung in Ihrem eigenen Unternehmen, um finanzielle Fitness zu erreichen und den Erfolg Ihrer Geschäftsaktivitäten voranzutreiben.

# Kapitel 18: Marketingstrategien: Navigieren in der digitalen Landschaft für Unternehmenswachstum

Marketingstrategien sind für Unternehmen unerlässlich, um ihre Zielgruppe zu erreichen, Markenbekanntheit aufzubauen und Kundenbindung und -treue zu fördern. Im heutigen digitalen Zeitalter müssen

Unternehmen sich in einer komplexen Landschaft aus Online-Kanälen und -Plattformen zurechtfinden, um ihre Produkte und Dienstleistungen effektiv zu bewerben. In diesem Kapitel untersuchen wir die Grundsätze von Marketingstrategien und diskutieren Strategien zur Nutzung digitaler Marketingkanäle zur Förderung des Unternehmenswachstums.

18.1 Marketingstrategien verstehen: Der Schlüssel zum Geschäftserfolg

Marketingstrategien sind strategische Pläne, die von Unternehmen entwickelt werden, um ihre Marketingziele zu erreichen und das Unternehmenswachstum voranzutreiben. In diesem Abschnitt besprechen wir die Grundlagen von Marketingstrategien und warum sie für Unternehmen unerlässlich sind, um auf dem heutigen wettbewerbsintensiven Markt erfolgreich zu sein.

Anhand von Beispielen von Unternehmen wie Coca-Cola und Nike, die ikonische Marketingkampagnen entwickelt haben, um Markentreue aufzubauen und den Umsatz zu steigern, untersuchen wir die wichtigsten Komponenten von Marketingstrategien, darunter Marktsegmentierung, Zielgruppenansprache, Positionierung und Marketing-Mix (Produkt, Preis, Ort und Werbung). Wir besprechen auch, wie wichtig es ist, Marketingstrategien an Geschäftszielen auszurichten und wie Unternehmen Marktforschung und Verbrauchereinblicke nutzen können, um effektive Marketingstrategien zu entwickeln, die bei ihrer Zielgruppe Anklang finden.

18.2 Digitale Marketingkanäle: Kunden im digitalen Zeitalter erreichen

Digitale Marketingkanäle haben die Art und Weise revolutioniert, wie Unternehmen ihre Zielgruppe erreichen und mit ihr interagieren. Sie bieten eine breite Palette an Plattformen und Tools, um Produkte und Dienstleistungen online zu bewerben. In diesem Abschnitt besprechen wir die verschiedenen digitalen Marketingkanäle, die Unternehmen zur Verfügung stehen, und wie sie diese nutzen können, um Kundenbindung und Wachstum zu fördern.

Anhand von Beispielen von Unternehmen wie Amazon und Airbnb, die digitale Marketingkanäle wie soziale Medien, Suchmaschinenoptimierung (SEO) und E-Mail-Marketing genutzt haben, um Millionen von Kunden weltweit zu erreichen, werden wir die verschiedenen Arten digitaler Marketingkanäle untersuchen, darunter Owned, Earned und Paid Media. Wir werden auch die Vorteile und Herausforderungen jedes digitalen Marketingkanals besprechen und wie Unternehmen integrierte digitale Marketingstrategien entwickeln können, die mehrere Kanäle nutzen, um Reichweite und Wirkung zu maximieren.

18.3 Social Media Marketing:
Markenbekanntheit und Engagement steigern

Social-Media-Marketing ist zu einem integralen
Bestandteil der Marketingstrategien von
Unternehmen geworden und bietet eine
leistungsstarke Plattform, um
Markenbekanntheit aufzubauen, die
Kundenbindung zu fördern und
Kundenbeziehungen aufzubauen. In diesem
Abschnitt besprechen wir Strategien, wie Sie
Social-Media-Marketing nutzen können, um
Marketingziele zu erreichen und das
Unternehmenswachstum voranzutreiben.

Anhand von Beispielen von Unternehmen wie
Starbucks und Airbnb, die eine starke
Markenpräsenz auf Social-Media-Plattformen
wie Facebook, Instagram und Twitter aufgebaut
haben, untersuchen wir Techniken für Social-
Media-Marketing, darunter Inhaltserstellung,
Community-Management und Influencer-
Partnerschaften. Wir diskutieren auch die
Bedeutung von Authentizität, Transparenz und

Reaktionsfähigkeit im Social-Media-Marketing und wie Unternehmen Social-Media-Analysen und -Erkenntnisse nutzen können, um die Wirksamkeit ihrer Social-Media-Marketingbemühungen zu messen und datengesteuerte Entscheidungen zur Leistungsoptimierung zu treffen.

18.4 Content Marketing: Werte schaffen und Vertrauen aufbauen

Beim Content-Marketing geht es darum, wertvolle, relevante und konsistente Inhalte zu erstellen und zu verbreiten, um ein klar definiertes Publikum anzuziehen und zu binden und profitable Kundenaktionen zu fördern. In diesem Abschnitt besprechen wir Strategien, wie Sie Content-Marketing nutzen können, um Markenautorität, Vertrauen und Loyalität bei den Kunden aufzubauen.

Anhand von Beispielen von Unternehmen wie HubSpot und Buffer, die umfassende Content-Marketing-Strategien entwickelt haben, um ihre

Zielgruppe zu informieren und zu engagieren, werden wir Techniken für Content-Marketing untersuchen, darunter Blogbeiträge, E-Books, Videos, Podcasts und Webinare. Wir werden auch die Bedeutung von Storytelling, Thought Leadership und Suchmaschinenoptimierung (SEO) im Content-Marketing diskutieren und wie Unternehmen Content-Marketing nutzen können, um die Bedürfnisse und Schwachstellen ihrer Zielgruppe anzusprechen und Kundenbindung und -konversion zu fördern.

18.5 Suchmaschinenoptimierung (SEO): Steigerung des organischen Traffics und der Sichtbarkeit

Suchmaschinenoptimierung (SEO) ist der Prozess der Optimierung einer Website und ihres Inhalts, um in den Suchergebnisseiten (SERPs) einen höheren Rang zu erreichen und organischen Traffic auf die Website zu lenken. In diesem Abschnitt besprechen wir Strategien zur Nutzung von SEO, um die Online-

Sichtbarkeit zu verbessern und qualifizierte Leads auf die Website zu lenken.

Anhand von Beispielen von Unternehmen wie Moz und SEMrush, die branchenführende SEO-Tools und -Ressourcen entwickelt haben, mit denen Unternehmen ihr Suchmaschinen-Ranking verbessern können, untersuchen wir SEO-Techniken, darunter Keyword-Recherche, On-Page-Optimierung, Linkaufbau und technisches SEO. Wir diskutieren auch die Bedeutung von Benutzererfahrung (UX), mobiler Optimierung und lokalem SEO in der SEO-Strategie und wie Unternehmen Analyse- und Überwachungstools verwenden können, um die Wirksamkeit ihrer SEO-Bemühungen zu verfolgen und zu messen und datengesteuerte Entscheidungen zur Leistungsoptimierung zu treffen.

## 18.6 Bezahlte Werbung: Gezielten Traffic und Conversions generieren

Bei bezahlter Werbung zahlt man für Anzeigenplatzierungen auf digitalen Kanälen, um eine bestimmte Zielgruppe zu erreichen und Traffic und Conversions zu steigern. In diesem Abschnitt besprechen wir Strategien, wie man bezahlte Werbung nutzen kann, um organische Marketingbemühungen zu ergänzen und Marketingziele zu erreichen.

Anhand von Beispielen von Unternehmen wie Google und Facebook, die anspruchsvolle Werbeplattformen anbieten, mit denen Unternehmen bestimmte demografische Gruppen, Interessen und Verhaltensweisen gezielt ansprechen können, untersuchen wir Techniken für bezahlte Werbung, darunter Pay-per-Click-Werbung (PPC), Display-Werbung, Social-Media-Werbung und Native Advertising. Wir besprechen auch die Bedeutung von Anzeigen-Targeting, Anzeigengestaltung und Anzeigenoptimierung in bezahlten Werbekampagnen und wie Unternehmen Analyse- und Tracking-Tools nutzen können, um den ROI ihrer bezahlten Werbemaßnahmen zu messen und datengesteuerte Entscheidungen zur Leistungsoptimierung zu treffen.

## 18.7 Fazit: Navigieren Sie durch die digitale Marketinglandschaft für geschäftlichen Erfolg

Zum Abschluss dieses Kapitels ist klar, dass digitales Marketing zu einem wesentlichen Bestandteil der Marketingstrategien von Unternehmen geworden ist und eine Vielzahl von Kanälen und Tools bietet, um Kunden online zu erreichen und mit ihnen zu interagieren. Wenn Unternehmen die Prinzipien des digitalen Marketings verstehen, digitale Marketingkanäle effektiv nutzen und integrierte digitale Marketingstrategien entwickeln, die mit den Geschäftszielen übereinstimmen, können sie die Kundenbindung fördern, Markenbekanntheit aufbauen und im heutigen digitalen Zeitalter nachhaltiges Wachstum erzielen.

In den folgenden Kapiteln werden wir uns eingehender mit anderen Aspekten des Unternehmensmanagements befassen, darunter

Personalmanagement, Betriebsführung und strategische Planung. Nehmen Sie sich zunächst die Zeit, über die in diesem Kapitel vorgestellten Erkenntnisse und Strategien nachzudenken und beginnen Sie mit deren Umsetzung in Ihrem eigenen Unternehmen, um sich in der digitalen Marketinglandschaft zurechtzufinden und Ihre Marketingbemühungen erfolgreich voranzutreiben.

# Kapitel 19: Personalmanagement: Talentförderung für den Geschäftserfolg

Das Personalmanagement (HRM) ist eine wichtige Funktion innerhalb von Organisationen. Es ist für die Verwaltung der personalbezogenen Aspekte des Geschäfts verantwortlich, um die effektive Nutzung des Humankapitals und das Erreichen der Unternehmensziele sicherzustellen. In diesem Kapitel untersuchen wir die Grundsätze des

Personalmanagements und diskutieren
Strategien zur Förderung von Talenten und zur
Förderung einer positiven Arbeitsplatzkultur, um
den Geschäftserfolg voranzutreiben.

19.1 Personalmanagement verstehen: Der Faktor
Mensch im Unternehmen

Das Personalmanagement umfasst die
strategische Verwaltung des Humankapitals zur
Erreichung der Unternehmensziele. In diesem
Abschnitt besprechen wir die Grundlagen des
Personalmanagements und warum es für
Unternehmen so wichtig ist, in ihre Mitarbeiter
zu investieren, um den Geschäftserfolg
voranzutreiben.

Anhand von Beispielen von Unternehmen wie
Google und Netflix, die innovative HR-
Praktiken entwickelt haben, um Top-Talente
anzuwerben, zu halten und zu fördern, werden
wir die wichtigsten Komponenten des
Personalmanagements untersuchen, darunter
Rekrutierung und Auswahl, Schulung und

Entwicklung, Leistungsmanagement, Vergütung und Zusatzleistungen sowie Mitarbeiterbeziehungen. Wir werden auch die Rolle der Personalabteilung bei der Unterstützung von Unternehmenszielen und -strategien erörtern und wie Unternehmen HRM-Praktiken nutzen können, um sich einen Wettbewerbsvorteil auf dem Markt zu verschaffen.

19.2 Rekrutierung und Auswahl: Top-Talente gewinnen und halten

Rekrutierung und Auswahl sind wichtige Prozesse im Personalmanagement. Sie sind dafür verantwortlich, die besten Talente zu gewinnen und zu halten, um den Personalbedarf des Unternehmens zu decken. In diesem Abschnitt besprechen wir Strategien für Rekrutierung und Auswahl und wie Unternehmen diese nutzen können, um eine leistungsstarke Belegschaft aufzubauen.

Anhand von Beispielen von Unternehmen wie LinkedIn und Facebook, die innovative Rekrutierungsstrategien entwickelt haben, um die besten Talente anzuziehen, werden wir Techniken für die Rekrutierung und Auswahl untersuchen, darunter Stellenanalyse, Beschaffung, Screening, Vorstellungsgespräche und Kandidatenbeurteilung. Wir werden auch die Bedeutung von Employer Branding, Kandidatenerfahrung sowie Vielfalt und Inklusion in Rekrutierungs- und Auswahlprozessen diskutieren und wie Unternehmen Technologie und Datenanalyse nutzen können, um ihre Rekrutierungsbemühungen zu rationalisieren und zu optimieren.

19.3 Schulung und Entwicklung: In das Wachstum und die Entwicklung der Mitarbeiter investieren

Schulung und Entwicklung sind für Unternehmen unerlässlich, um sicherzustellen, dass ihre Mitarbeiter über die erforderlichen

Fähigkeiten und Kenntnisse verfügen, um ihre Aufgaben effektiv zu erfüllen und zum Unternehmenserfolg beizutragen. In diesem Abschnitt besprechen wir Strategien für Schulung und Entwicklung und wie Unternehmen diese nutzen können, um Talente zu fördern und eine Kultur des kontinuierlichen Lernens und der Verbesserung zu fördern.

Anhand von Beispielen von Unternehmen wie Amazon und Microsoft, die umfangreiche Schulungs- und Entwicklungsprogramme zur Unterstützung des Wachstums und der Entwicklung ihrer Mitarbeiter anbieten, untersuchen wir Techniken für Schulung und Entwicklung, darunter Schulungen am Arbeitsplatz, Schulungen im Klassenzimmer, E-Learning, Mentoring und Coaching. Wir besprechen auch, wie wichtig es ist, Schulungs- und Entwicklungsprogramme an Unternehmenszielen und individuellen Entwicklungsplänen auszurichten und wie Unternehmen Leistungsmanagementsysteme und Feedbackmechanismen nutzen können, um die

Wirksamkeit ihrer Schulungs- und
Entwicklungsbemühungen zu bewerten und
datengesteuerte Entscheidungen zur
Optimierung der Leistung und Entwicklung der
Mitarbeiter zu treffen.

19.4 Leistungsmanagement: Erwartungen
festlegen und Feedback geben

Zum Leistungsmanagement gehört das Setzen
klarer Leistungserwartungen, das Bereitstellen
regelmäßiger Rückmeldungen und Coachings
sowie die Bewertung der Mitarbeiterleistung, um
Verantwortlichkeit und Leistungsverbesserung
zu fördern. In diesem Abschnitt besprechen wir
Strategien für das Leistungsmanagement und
wie Unternehmen diese nutzen können, um die
Mitarbeiterleistung zu optimieren und
Geschäftsergebnisse zu steigern.

Anhand von Beispielen von Unternehmen wie
General Electric und Adobe, die innovative
Leistungsmanagementpraktiken zur
Unterstützung der Mitarbeiterentwicklung und

Zielerreichung implementiert haben, untersuchen wir Techniken für das Leistungsmanagement, darunter Zielsetzung, Leistungsbeurteilungen, Feedbackmechanismen und Leistungsbeurteilungssysteme. Wir diskutieren auch die Bedeutung von kontinuierlichem Feedback, Anerkennung und Belohnungen im Leistungsmanagement und wie Unternehmen Leistungsdaten und -metriken nutzen können, um Verbesserungsbereiche zu identifizieren und gezielte Maßnahmen zur Verbesserung der Leistung und des Engagements der Mitarbeiter zu entwickeln.

19.5 Vergütung und Zusatzleistungen: Mitarbeiter belohnen und motivieren

Vergütung und Zusatzleistungen spielen eine entscheidende Rolle bei der Gewinnung, Bindung und Motivation von Mitarbeitern zu Höchstleistungen. In diesem Abschnitt besprechen wir Strategien für Vergütung und Zusatzleistungen und wie Unternehmen diese nutzen können, um sich einen

Wettbewerbsvorteil auf dem Arbeitsmarkt zu verschaffen und das Engagement und die Zufriedenheit der Mitarbeiter zu steigern.

Anhand von Beispielen von Unternehmen wie Google und Salesforce, die wettbewerbsfähige Vergütungspakete und umfassende Leistungsprogramme anbieten, um Spitzenkräfte anzuziehen und zu halten, untersuchen wir Techniken für Vergütung und Zusatzleistungen, darunter Gehaltsbenchmarking, Anreizprogramme, Gesundheits- und Wellnessleistungen sowie Initiativen zur Vereinbarkeit von Beruf und Privatleben. Wir erörtern auch, wie wichtig es ist, Vergütungs- und Zusatzprogramme an den Unternehmenszielen und -werten auszurichten und wie Unternehmen Total-Rewards-Strategien nutzen können, um ein überzeugendes Leistungsversprechen für ihre Mitarbeiter zu schaffen und sich als Arbeitgeber der Wahl auf dem Markt zu profilieren.

19.6 Mitarbeiterbeziehungen: Förderung einer positiven Arbeitsplatzkultur

Mitarbeiterbeziehungen sind entscheidend für die Schaffung einer positiven Arbeitskultur, in der sich Mitarbeiter wertgeschätzt, respektiert und engagiert fühlen. In diesem Abschnitt besprechen wir Strategien für Mitarbeiterbeziehungen und wie Unternehmen diese nutzen können, um Vertrauen, Zusammenarbeit und gegenseitigen Respekt unter den Mitarbeitern aufzubauen und eine Kultur der Inklusivität und Zugehörigkeit zu fördern.

Anhand von Beispielen von Unternehmen wie Zappos und Southwest Airlines, die in ihrer Unternehmenskultur das Engagement und die Ermächtigung der Mitarbeiter in den Vordergrund stellen, untersuchen wir Techniken für Mitarbeiterbeziehungen, darunter Kommunikationsstrategien, Konfliktlösungsmechanismen und Initiativen zur Mitarbeiterbindung. Wir diskutieren auch die

Bedeutung der Sichtbarkeit und Verantwortlichkeit der Führung in den Mitarbeiterbeziehungen und wie Unternehmen Mitarbeiterfeedback und -umfragen nutzen können, um die Unternehmenskultur zu bewerten und Verbesserungsbereiche zu identifizieren.

19.7 Fazit: In Menschen investieren für den Geschäftserfolg

Am Ende dieses Kapitels ist klar, dass Personalmanagement für Unternehmen, die Talente fördern, eine positive Arbeitskultur pflegen und ihren Geschäftserfolg steigern möchten, von entscheidender Bedeutung ist. Durch das Verständnis der Grundsätze des Personalmanagements, die Umsetzung effektiver HRM-Praktiken und die Priorisierung der Entwicklung und des Wohlbefindens ihrer Mitarbeiter können Unternehmen einen Wettbewerbsvorteil erzielen und im dynamischen Geschäftsumfeld von heute nachhaltiges Wachstum erzielen.

# Kapitel 20: Operations Management: Optimierung von Effizienz und Effektivität für Business Excellence

Unter Betriebsmanagement versteht man die Verwaltung der Prozesse und Ressourcen, die zur Erstellung und Bereitstellung der Produkte und Dienstleistungen eines Unternehmens dienen. Dabei geht es darum, die Effizienz, Effektivität und Flexibilität bei der Produktion und Bereitstellung von Waren und Dienstleistungen zu optimieren, um die Kundenanforderungen zu erfüllen und die Unternehmensziele zu erreichen. In diesem Kapitel werden wir die Grundsätze des

Betriebsmanagements untersuchen und Strategien zur Optimierung der Betriebsabläufe diskutieren, um die Unternehmensleistung zu steigern.

## 20.1 Operations Management verstehen: Das Rückgrat des Geschäftsbetriebs

Das Betriebsmanagement spielt eine entscheidende Rolle, wenn es darum geht, einen reibungslosen Geschäftsbetrieb sicherzustellen und den Kunden einen Mehrwert zu bieten. In diesem Abschnitt besprechen wir die Grundlagen des Betriebsmanagements und warum es für Unternehmen so wichtig ist, sich auf die Optimierung ihrer Betriebsabläufe zu konzentrieren, um Wettbewerbsvorteile und Geschäftserfolg zu erzielen.

Anhand von Beispielen von Unternehmen wie Toyota und McDonald's, die ihre jeweiligen Branchen durch innovative Betriebsführungspraktiken revolutioniert haben, untersuchen wir die wichtigsten Komponenten der Betriebsführung, darunter Prozessdesign, Kapazitätsplanung, Bestandsverwaltung, Qualitätskontrolle und Lieferkettenmanagement. Wir besprechen auch die Rolle der Betriebsführung bei der Kostensenkung, der Verbesserung der Produktivität und der Steigerung der Kundenzufriedenheit und wie Unternehmen Betriebsführungsprinzipien nutzen können, um betriebliche Spitzenleistung und nachhaltiges Wachstum zu erzielen.

## 20.2 Prozessgestaltung und -verbesserung: Optimierung der Betriebsabläufe für mehr Effizienz

Prozessdesign und -verbesserung umfassen die Analyse, Gestaltung und Optimierung von Geschäftsprozessen, um Effizienz, Qualität und Flexibilität im Betrieb zu erreichen. In diesem Abschnitt besprechen wir Strategien für Prozessdesign und -verbesserung und wie Unternehmen diese nutzen können, um Abläufe zu rationalisieren und Leistungsverbesserungen voranzutreiben.

Anhand von Beispielen von Unternehmen wie Amazon und FedEx, die hocheffiziente und skalierbare Geschäftsprozesse entwickelt haben, um Kundenanforderungen zu erfüllen und Wettbewerbsvorteile zu erzielen, untersuchen wir Techniken zur Prozessgestaltung und -verbesserung, darunter Wertstromanalyse, Prozessreengineering und Prinzipien der schlanken Fertigung. Wir besprechen auch die Bedeutung der Ausrichtung der Prozessgestaltung an Geschäftszielen und Kundenanforderungen und wie Unternehmen Prozessmetriken und Leistungsindikatoren verwenden können, um die Prozessleistung zu überwachen und zu bewerten und ihre Betriebsabläufe kontinuierlich zu verbessern.

20.3 Kapazitätsplanung: Ausgleich von Nachfrage und Angebot

Bei der Kapazitätsplanung geht es darum, das optimale Ressourcenniveau zu bestimmen, das zur Erfüllung der Kundennachfrage erforderlich ist, während gleichzeitig Kosteneffizienz und Flexibilität im Betrieb gewahrt bleiben. In diesem Abschnitt besprechen wir Strategien zur Kapazitätsplanung und wie Unternehmen diese nutzen können, um die Ressourcennutzung zu optimieren und betriebliche Effizienz zu erreichen.

Anhand von Beispielen von Unternehmen wie Apple und Samsung, die ausgefeilte Kapazitätsplanungsmodelle verwenden, um die Nachfrage vorherzusagen und die Produktionskapazität zu optimieren, werden wir Techniken zur Kapazitätsplanung untersuchen, darunter Nachfrageprognosen, Kapazitätsanalysen und Ressourcenzuweisung. Wir werden auch die Bedeutung der Berücksichtigung von Faktoren wie Saisonalität, Markttrends und technologischen Fortschritten bei der Kapazitätsplanung erörtern und wie Unternehmen die Kapazitätsplanung nutzen können, um Risiken zu verwalten, Kosten zu minimieren und die Umsatzgenerierung zu maximieren.

## 20.4 Bestandsführung: Kosten und Kundenservice im Gleichgewicht halten

Bei der Bestandsverwaltung geht es um die Steuerung des Waren- und Materialflusses in der gesamten Lieferkette, um sicherzustellen, dass die richtigen Produkte zur richtigen Zeit in den richtigen Mengen verfügbar sind, um die Kundennachfrage zu erfüllen und gleichzeitig die Kosten zu minimieren und den Cashflow zu optimieren. In diesem Abschnitt besprechen wir Strategien für die Bestandsverwaltung und wie Unternehmen diese nutzen können, um eine effizientere Bestandsführung zu erreichen und den Kundenservice zu verbessern.

Anhand von Beispielen von Unternehmen wie Walmart und Amazon, die ausgefeilte Bestandsverwaltungssysteme entwickelt haben, um Lagerbestände zu optimieren und Fehlbestände und Überbestände zu reduzieren, werden wir Techniken zur Bestandsverwaltung untersuchen, darunter Bedarfsprognosen,

Bestandsoptimierung und Just-in-Time-Bestandssysteme (JIT). Wir werden auch die Bedeutung von Bestandsgenauigkeit, Bestandstransparenz und Lieferantenzusammenarbeit bei der Bestandsverwaltung erörtern und wie Unternehmen Bestandsmetriken und Leistungsindikatoren verwenden können, um die Bestandsleistung zu überwachen und zu bewerten und datengesteuerte Entscheidungen zu treffen, um Lagerbestände zu optimieren und die Kundenzufriedenheit zu verbessern.

20.5 Qualitätskontrolle: Sicherstellung hervorragender Produkte und Dienstleistungen

Bei der Qualitätskontrolle geht es um die Überwachung und Kontrolle der Qualität von Produkten und Dienstleistungen, um die Erwartungen der Kunden und die gesetzlichen Anforderungen zu erfüllen. In diesem Abschnitt besprechen wir Strategien zur Qualitätskontrolle und wie Unternehmen diese nutzen können, um Spitzenqualität bei Produkten und

Dienstleistungen zu erreichen und das Vertrauen und die Loyalität der Kunden zu gewinnen.

Anhand von Beispielen von Unternehmen wie Toyota und Ford, die strenge Qualitätskontrollprozesse implementiert haben, um die Zuverlässigkeit und Sicherheit ihrer Produkte zu gewährleisten, werden wir Techniken zur Qualitätskontrolle untersuchen, darunter statistische Prozesskontrolle, Total Quality Management (TQM) und Six Sigma. Wir werden auch die Bedeutung kontinuierlicher Verbesserung, Mitarbeiterbeteiligung und Kundenfeedback in Qualitätskontrollprozessen erörtern und wie Unternehmen Qualitätsmetriken und Leistungsindikatoren verwenden können, um die Qualitätsleistung zu überwachen und zu bewerten und proaktiv Anpassungen an ihren Abläufen vorzunehmen, um hervorragende Qualität zu erreichen.

20.6 Supply Chain Management: Integration und Optimierung der Lieferkette

Beim Supply Chain Management geht es um die Steuerung des Waren-, Dienstleistungs- und Informationsflusses von Lieferanten zu Kunden, um die Wertschöpfung zu maximieren und Wettbewerbsvorteile zu erzielen. In diesem Abschnitt besprechen wir Strategien für das Supply Chain Management und wie Unternehmen diese nutzen können, um die Leistung der Lieferkette zu optimieren und den Geschäftserfolg voranzutreiben.

Anhand von Beispielen von Unternehmen wie Procter & Gamble und Unilever, die agile und reaktionsschnelle Lieferketten entwickelt haben, um sich an veränderte Marktbedingungen und Kundenanforderungen anzupassen, untersuchen wir Techniken für das Lieferkettenmanagement, darunter Lieferantenbeziehungsmanagement, Logistikoptimierung und Nachfrageprognose. Wir diskutieren auch die Bedeutung von Zusammenarbeit, Transparenz und Risikomanagement im Lieferkettenmanagement und wie Unternehmen Lieferkettenanalysen und Leistungsmetriken nutzen können, um die

Lieferkettenleistung zu überwachen und zu bewerten und datengesteuerte Entscheidungen zu treffen, um die Effizienz und Effektivität der Lieferkette zu optimieren.

## 20.7 Fazit: Operative Exzellenz für den Geschäftserfolg erreichen

Am Ende dieses Kapitels wird deutlich, dass das Betriebsmanagement für Unternehmen, die operative Spitzenleistungen erzielen und ihren Geschäftserfolg steigern möchten, von entscheidender Bedeutung ist. Durch das Verständnis der Grundsätze des Betriebsmanagements, die Implementierung effektiver Betriebsmanagementpraktiken und die Priorisierung kontinuierlicher Verbesserungen und Innovationen im Betrieb können Unternehmen die Effizienz, Effektivität und Flexibilität ihrer Abläufe optimieren, um Kundenanforderungen zu erfüllen, Wettbewerbsvorteile zu erzielen und im dynamischen Geschäftsumfeld von heute nachhaltiges Wachstum zu erzielen.

# Fazit: Souverän durch die Geschäftswelt navigieren

Auf unserer Reise durch die Seiten von „Dollar and Sense: Praktische Ratschläge für Geschäftsinhaber" haben wir uns auf eine umfassende Erkundung der facettenreichen Welt des Geschäftsmanagements begeben. Von der strategischen Planung bis zum Finanzmanagement, von Marketingstrategien bis zum Personalmanagement und von Betriebsmanagement bis zur Optimierung der Lieferkette haben wir uns eingehend mit den Feinheiten und Komplexitäten der Führung eines erfolgreichen Unternehmens im heutigen dynamischen und wettbewerbsorientierten Umfeld befasst.

Wenn wir über die in diesem Buch vorgestellten Erkenntnisse und Strategien nachdenken, wird deutlich, dass geschäftlicher Erfolg einen vielschichtigen Ansatz erfordert, der solide Prinzipien mit innovativem Denken, strategische Vision mit praktischer Umsetzung und Anpassungsfähigkeit mit Belastbarkeit verbindet. Die Geschäftslandschaft entwickelt sich ständig weiter und wird von technologischen Fortschritten, Marktdynamik, regulatorischen Änderungen und sich ändernden Verbraucherpräferenzen geprägt. Um in dieser sich ständig verändernden Landschaft erfolgreich zu sein, müssen Geschäftsinhaber Veränderungen annehmen, Agilität fördern und kontinuierlich nach Möglichkeiten für Wachstum und Verbesserung suchen.

In diesem Buch haben wir uns von Branchenführern und erfolgreichen Unternehmern inspirieren lassen, die die Komplexität der Geschäftswelt mit Mut, Kreativität und Entschlossenheit gemeistert haben. Von visionären Führungskräften wie Steve Jobs, der mit seinen mutigen Innovationen bei Apple die Technologiebranche revolutionierte, bis hin zu

Pionierunternehmerinnen wie Oprah Winfrey, die aus bescheidenen Anfängen ein Imperium aufbaute, haben wir wertvolle Lektionen in Sachen Führung, Innovation und Belastbarkeit gelernt.

Wir haben auch die Bedeutung der strategischen Planung untersucht, um eine klare Richtung für das Geschäft festzulegen, Chancen und Risiken zu identifizieren und Ressourcen und Fähigkeiten so auszurichten, dass strategische Ziele erreicht werden. Ob es um die Entwicklung einer überzeugenden Vision, die Durchführung gründlicher Marktforschung oder die Formulierung umsetzbarer Strategien geht – die strategische Planung liefert den Fahrplan für den Geschäftserfolg und stellt sicher, dass jede Entscheidung und jede Handlung von einem klaren Zweck und einer klaren Richtung geleitet wird.

Das Finanzmanagement hat sich als ein weiterer entscheidender Aspekt des Geschäftserfolgs herausgestellt. Es umfasst die Planung,

Organisation, Leitung und Kontrolle finanzieller Aktivitäten, um eine effiziente und effektive Nutzung der Ressourcen und das Erreichen der Unternehmensziele sicherzustellen. Von der Budgetierung und Prognose bis hin zur Finanzanalyse und zum Risikomanagement sind effektive Finanzmanagementpraktiken für Unternehmen unerlässlich, um sich sicher in der Finanzlandschaft zurechtzufinden und nachhaltiges Wachstum zu erzielen.

Auch Marketingstrategien wurden eingehend untersucht. Dabei wurde betont, wie wichtig es ist, die Bedürfnisse und Vorlieben der Kunden zu verstehen, Markenbekanntheit und -treue aufzubauen und digitale Marketingkanäle zu nutzen, um die Zielgruppe effektiv zu erreichen und anzusprechen. Im heutigen digitalen Zeitalter müssen Unternehmen die Macht der sozialen Medien, des Content-Marketings, der Suchmaschinenoptimierung und der bezahlten Werbung nutzen, um sinnvolle Verbindungen zu Kunden aufzubauen und das Unternehmenswachstum voranzutreiben.

Das Personalmanagement hat sich als entscheidender Faktor für den Geschäftserfolg herausgestellt. Dabei wird die Bedeutung der Rekrutierung und Bindung der besten Talente, der Bereitstellung von Möglichkeiten für die Weiterentwicklung und Entwicklung der Mitarbeiter sowie der Förderung einer positiven Arbeitskultur, die Vielfalt, Integration und Zusammenarbeit schätzt, hervorgehoben. Indem Unternehmen in ihre Mitarbeiter investieren, können sie leistungsstarke Teams aufbauen, das Engagement und die Zufriedenheit der Mitarbeiter fördern und letztlich organisatorische Spitzenleistungen erzielen.

Als weiterer wichtiger Faktor für den Geschäftserfolg wurde das Betriebsmanagement hervorgehoben, das sich auf die Optimierung von Effizienz, Effektivität und Flexibilität bei der Produktion und Lieferung von Waren und Dienstleistungen konzentriert. Von der Prozessgestaltung und -verbesserung bis hin zur Kapazitätsplanung, Bestandsverwaltung und

Qualitätskontrolle sind effektive Betriebsmanagementpraktiken für Unternehmen unerlässlich, um Kundenanforderungen zu erfüllen, Kosten zu minimieren und die Rentabilität zu maximieren.

Auch das Supply Chain Management wird als entscheidender Bestandteil des Geschäftserfolgs hervorgehoben, wobei die Bedeutung der Integration und Optimierung des Waren-, Dienstleistungs- und Informationsflusses von Lieferanten zu Kunden betont wird. Durch die Entwicklung agiler und reaktionsfähiger Lieferketten können sich Unternehmen an veränderte Marktbedingungen anpassen, Risiken minimieren und die Kundenzufriedenheit steigern.

Am Ende unserer Reise durch „Dollar und Sinn: Praktische Ratschläge für Geschäftsinhaber" ist klar, dass geschäftlicher Erfolg kein Ziel ist, sondern eine Reise – eine Reise des Lernens, Wachstums und der kontinuierlichen Verbesserung. Durch die Umsetzung der in diesem Buch vorgestellten Prinzipien und Strategien können Geschäftsinhaber die Komplexität der Geschäftslandschaft mit Zuversicht meistern, Wachstumschancen nutzen und ihre Erfolgsvision verwirklichen.

Mit den Worten von Richard Branson: „Geschäftschancen sind wie Busse, es kommt immer ein anderer." Lassen Sie uns als Geschäftsinhaber den Wandel begrüßen, Chancen ergreifen und uns mit Mut, Kreativität und Entschlossenheit auf die Reise des Unternehmertums begeben. Gemeinsam können wir uns selbstbewusst durch die Geschäftslandschaft bewegen, Herausforderungen meistern und unsere Ziele erreichen, erfolgreiche und nachhaltige Unternehmen aufzubauen, die einen positiven Einfluss auf die Welt haben.

Vielen Dank, dass Sie mich auf dieser Reise begleiten. Auf Ihren Erfolg im Beruf und im Leben.

# Danksagung

Ich möchte allen, die zur Entstehung dieses Buches „Dollar and Sense: Practical Advice for Business Owners" beigetragen haben, meinen aufrichtigen Dank aussprechen.

Zuallererst bin ich meiner Familie für ihre unerschütterliche Unterstützung und Ermutigung während dieser Reise zutiefst dankbar. Ihre Liebe, Geduld und ihr Verständnis waren mein Fels in der Brandung und haben es mir ermöglicht, meiner Leidenschaft für das Schreiben und Unternehmertum nachzugehen.

Ich möchte dem Team von [King's Media Consult] meinen herzlichsten Dank aussprechen, dessen Engagement und Fachwissen dieses Buch zum Leben erweckt haben. Von Redaktion und Design bis hin zu Marketing und Vertrieb haben Ihre harte Arbeit und Ihr Engagement für Spitzenleistungen maßgeblich dazu beigetragen, dieses Projekt Wirklichkeit werden zu lassen.

Ich bin auch den unzähligen Einzelpersonen und Organisationen dankbar, die mein Denken über Unternehmensführung und Unternehmertum inspiriert und beeinflusst haben. Von Branchenführern und erfolgreichen Unternehmern bis hin zu Mentoren, Kollegen und Gleichgesinnten – Ihre Erkenntnisse und Perspektiven haben mein Verständnis für die Komplexität des Geschäftslebens bereichert und wertvolle Inspiration für dieses Buch geliefert.

Besonderer Dank gilt meinem Mentor, dessen Führung und Mentoring für mich während meiner gesamten Karriere von unschätzbarem Wert waren. Ihre Weisheit, Erfahrung und Unterstützung haben dazu beigetragen, meinen Ansatz zur Unternehmensführung zu prägen und lieferten wertvolle Anleitung und Inspiration für dieses Buch.

Zu guter Letzt möchte ich den Lesern dieses Buches für ihr Interesse und ihre Unterstützung danken. Ich hoffe aufrichtig, dass die auf diesen

Seiten vorgestellten Erkenntnisse und Strategien
Geschäftsinhabern und Unternehmern wertvolle
Anleitung und Inspiration bieten, wenn sie sich
in der Komplexität der Geschäftslandschaft
zurechtfinden und ihre Träume vom Erfolg
verfolgen.

Danke schön.

Dominik Schiffer

www.ingramcontent.com/pod-product-compliance
Lightning Source LLC
Chambersburg PA
CBHW071457220526
45472CB00003B/835